붓다, 중도로 살다

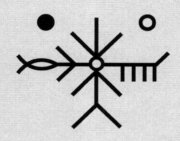

도법 지음

"나의 진리, 나의 가르침은 누구나 할 것 없이

지금 바로 이해 · 실현 · 증명된다."

진리를 등불로

자신을 등불로

고요가 빛나는 깊은 밤입니다.

마음은 초롱초롱한데 몸은 몹시 고단합니다.

무슨 까닭인지 하염없이 거닐고 싶습니다.

문을 열고 밖으로 나왔습니다.

달이 휘영청 밝습니다.

극락전 풀꽃밭 사잇길을 거닐었습니다. 산내들 봄바람이 시원합니다. 개구리들의 합창이 내 가슴을 벅차게 합니다. 달빛 아래 고요히 웃음 지으며 풀꽃들이 반갑게 맞아줍니다.

참 좋습니다. 오래오래 살고 싶은 오늘이고 이곳입니다. 허나 떠나야 합니다. 사바 인연을 마감해야 할 때가 저 달 기울 듯이 다가오고 있습니다. 살아온 세월을 짚어봅니다. 인생 석양 길에 접어든 남은 삶도 헤아려봅니다.

여래의 진실한 뜻!

붓다, 그는 누구인가?

붓다, 그는 어떻게 살았는가?

붓다, 그 삶의 결과는 무엇인가?

이 물음은 나에게 던지는 화두이기도 했습니다. 열아홉 살 무렵부터 칠십이 넘은 오늘까지 그 화두를 붙잡고 그날그날을 살아

왔습니다. 오늘도 다시 한번 묻게 됩니다.

여래의 진실한 뜻! 붓다, 그는 누구인가?
중도의 길에서 팔정도행으로 연기의 진리, 본래붓다의 진리를 깨달은 사람입니다.

붓다, 그는 어떻게 살았는가?
일평생 진리를 등불로, 자신을 등불로 살았습니다. 중도의 길에서 팔정도행으로 연기적 삶을 치열하게 살아내었습니다.

붓다, 중도의 팔정도행을 치열하게 실천한 그 삶의 결과는 어떻게 되었는가?
스스로 선택한 첫 설법지를 찾아가는 고요하고 쓸쓸한 걸음걸음이, 부정관 수행을 하던 제자들의 집단 자살을 목도한 참담함이, 비난과 원망의 소리를 들으며 전쟁 한복판에 홀로 앉아 있음이, 낡은 수레 같은 노구를 이끌고 열반지를 향해 걸어감이, 식중독에 걸려 고통을 견디며 누워 있음이, 비바람 맞으며 탁발하는 그날그날 매 순간순간이 해탈이고 열반이었습니다. 말하여 삶의 주인공답게 그 현장에서 스스로 만족하고 스스로 자유롭고 스스로 평화로웠습니다. 참으로 멋지고 아름답고 좋은 삶입니다.

사바 인연이 끝나가는 지금의 나는 어떻게 해야 하는가, 무엇을 할 수 있을까? 스스로에게, 풀꽃에게, 달빛에게, 붓다에게 묻습니다. 나도 붓다처럼 중도의 길에서 팔정도행으로 연기적 삶을 매일매일 온전히 치열하게 살아야 합니다. 그것이 나를 참되게 알고 나를 나답게 살게 하고, 그대를 참되게 알고 그대를 그대답게 살도록 하는 길입니다. 그렇게 살면 그 삶이 해탈 열반의 길일 터입니다. 그리고 내 삶의 밥값으로 중도로 본 붓다의 생애와 불교 이야기인《붓다, 중도로 살다》를 완성시키고 모든 불자, 모든 시민이 '붓다로 살자'와 함께하도록 하기 위해 남은 삶을 바칠 수 있었으면 하는 바람입니다.

《붓다, 중도로 살다》는 "나의 진리, 나의 가르침은 누구나 할 것 없이 지금 바로 이해·실현·증명된다."고 하신 붓다의 말씀처럼 불교를 해보자고 만들어진 책입니다. 언제든지 붓다의 말씀처럼 현실에서 바로 검증되지 않을 경우에는 즉각 불살라도 될 책이 바로《붓다, 중도로 살다》입니다.

2017년 책을 펴낼 때만 해도 미완성이긴 했지만 기본적인 방향과 길이 잡혔으니 이제 됐다 하고 한시름 놓았습니다. 그런데 쉽지 않았습니다. 그 이후 내내 붙잡고 끙끙거리며 다시 '이제 됐다.' 할 수 있도록 다듬어왔습니다. 보통의 상식을 가진 내가 바로 이해·공감·수긍할 수 있는 붓다 그리고 불교, 일상적으로 적용했을 때 '그래, 그렇지.' 하고 바로 경험되고 증명되는 붓다 그리고 불교를 찾고자 애써왔습니다. 그렇게 만들어진 것이 21세기 시민붓다의 불교《붓다, 중도로 살다》입니다. 이제 제법 아귀가 맞습니다. "그래, 그렇게 알고 살아봐, 그러면 괜찮아."라고 권할 수 있는 한 권의 책, 붓다 그리고 불교 이야기가 만들어진 셈입니다. 21세기 시민붓다의 불교 '붓다로 살자'는 어느 종교도, 종교가 있고 없고도 관계없이 범종교 시민 대중 누구나 함께할 수 있도록 하고자 하는 오래된 미래의 길, 오래된 미래의 불교로 제시된 것입니다. 아래에 개정판의 특징을 정리해봅니다.

- 붓다의 삶에 대한 정리
  첫째, 깨달음(중도·연기)으로 살아가신 붓다의 일생이 중도의 팔정도행으로 가득 채워져 있음이 명료하게 드러나도록 했습니다.
  둘째, 깨달음이 먼 훗날 도달해야 할 신비한 목적지가 아니고 지금 바로 실천해야 할 진리의 내용임이 명료하게 드러나도록 했습니다.

셋째, 신비한 경지로 인식되고 있는 깨달음, 해탈, 열반, 선정, 삼매 등을 상식적으로 이해할 수 있도록 했습니다.

넷째, 붓다의 일생이 대비원력의 깨달음과 전법교화의 삶이었음이 명료하게 드러나도록 했습니다.

다섯째, 붓다의 일생이 묵묵한 인내와 심혈을 기울인 정진으로 끊임없이 치열하게 탐구하고 탁마하고 실천하는 삶이었음이 명료하게 드러나도록 했습니다.

• 붓다의 수행과 깨달음에 대한 정리

첫째, 기존의 수행인 양극단의 길을 버림으로써 있는 그대로의 길인 중도가 참된 수행(실천)의 진리임을 경험적으로 참되게 아는 것이 곧 깨달음임을 이해할 수 있도록 했습니다.

둘째, 실천의 진리인 중도수행으로 존재의 진리가 연기법임을 경험적으로 참되게 알아낸 것이 바로 붓다의 깨달음임을 이해할 수 있도록 했습니다.

셋째, 존재의 진리인 연기법을 참되게 알고 사는 것이 바로 해탈 열반의 삶임을 경험적으로 이해할 수 있도록 했습니다.

넷째, 불교가 참된 앎을 뜻하는 깨달음(중도·연기)을 실천하는 가르침임이 명료하게 드러나도록 했습니다.

다섯째, 참된 앎인 깨달음을 실천하는 것이 불교 수행임을 드

러냄으로써 불교가 깨달음의 종교라는 뜻이 명료하게 되도록
했습니다.
여섯째, 한마디로 요약하면 '중도의 팔정도 사유 방식으로 연
기의 진리에 맞도록 몸·입·마음을 잘 알고 잘 쓰는 삶'이 붓다
의 수행임을 알 수 있도록 했습니다.

• 미완성의 과제로 남겨두었던 4장을 뭇 생명의 보편적 염원인
  생명평화의 삶과 세상을 열어가는 것이 오래된 미래의 길, 오
  래된 미래의 불교인 '21세기 시민붓다의 불교'라고 매듭지었
  습니다.

《붓다, 중도로 살다》개정판이 만들어지기까지 함께한 여러 도
반들이 있었습니다. 실상사 극락전에서는 매주 월요일 저녁에
보통의 상식을 가진 사람이면 누구나 바로 이해·공감·수긍할
수 있는 붓다 그리고 불교를 탐구하려는 이들이 모여 토론했습
니다. 불교의 기본인 사성제부터 다루었는데, 첫 주제인 고성제
만 무려 40시간이나 다룰 정도로 진지한 장이었습니다. 보통 사
람의 눈높이에 맞추어 지긋지긋할 만큼 대화하고 토론했습니
다. 그 덕택에 제법 아귀가 맞는 붓다 그리고 불교 이야기인《붓
다, 중도로 살다》개정판이 만들어졌습니다. 열정을 다해 함께

한 붓다 공부방의 도반들께 깊이 감사드립니다. 깊은 관심과 애정으로 책의 완성도를 높이고자 애써주신 출판사 식구들에게도 고마운 마음을 전합니다. 끝으로 돌아가셨지만 나를 불법 문중으로 안내해 주신 어머님, 그 인연을 잘 품어주신 은사스님께 이 책을 공양 올립니다. 좀 더 일찍 정리되었으면 하는 아쉬움이 없지 않습니다. 하지만 이제라도 정리할 수 있어서 천만다행입니다.

여전히 달이 밝고 고요합니다. 풀꽃들이 소리 없이 웃으며 바라보고 있습니다. 참 좋고 고맙습니다. 이제 편안하게 잠들렵니다.

2020년 봄
실상사 극락전에서
도법 두손모음

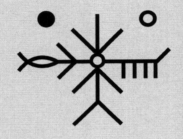

1장

역사의 붓다,
그는 어떻게 살았는가

진흙 속에 피어난 향기로운 연꽃,
인간 붓다의 삶

2장 붓다(중도)의 눈으로 본 불교의 핵심 키워드

붓다의 삶에서 건져 올린
'불교의 참모습'

사람이 사노라면 나 홀로 잠 못 이루어 하염없이 서성거릴 때가 있습니다. 그때마다 저 가슴 깊은 곳에서 알 수 없는 물음들이 꿈틀거립니다. "나는 어디에서 와 어디로 가고 있는가? 인생이란 무엇이며 어떻게 살아야 하는가?" 언제 어디에 태어나 살더라도 사람이라면 운명적으로 만날 수밖에 없는 매우 인간적이고 본질적인 물음입니다.

어떤 이들은 "그저 주어진 대로 인생을 살았을 뿐 그런 심오한 질문을 던져본 기억이 없다."고 말합니다. 그러나 우리 중 누구라도 삶의 본질적인 문제를 비켜 갈 수는 없습니다. 세 살 먹은 아이에서부터 팔순 노인까지 때론 한숨짓고 좌절하며 각자의 삶과 씨름하게 되고 그 과정에서 누구나 제 삶에 물음을 던지고 답을 내립니다.

자신이 원하든 원하지 않든 누구나 살아가는 과정에서 필연적으로 짊어질 수밖에 없는 인간적 물음을 불교 집안에선 인생 화두라고 합니다. 일찍이 인생 화두에 일생을 걸고 살아간 사람, 그 길에서 자신의 참모습을 발견하고 그 삶을 한없이 자유롭고 평화롭게 살아간 사람이 있었습니다. 역사는 그 사람을 붓다라고 부르고 그의 경험적 삶의 기록을 불교라고 합니다.

일평생 중도의 팔정도 사유 방식으로 살아간 붓다를 '꿈에서 깨어난 자, 눈멂에서 눈뜬 자'라고 합니다. 미혹에서 깨달음으로, 모름에서 앎으로, 어리석음에서 지혜로움으로, 어두움에서 밝음으로, 싸움에서 평화로움으로, 고통에서 안락함으로, 속스러움에서 거룩함으로, 속박에서 자유로움으로, 나 홀로에서 더불어 함께로, 크게 죽고 크게 살아난 사람, 크게 버리고 크게 얻은 사람입니다.

붓다가 입멸한 후 대부분의 사람들은 그를 거룩하고 신비한 모습으로 기억하고 싶어 하였습니다. 그런데 붓다의 실제 삶은 어떠했을까요? 중도의 사유 방식으로 《아함경(니까야)》을 보면 붓다의 삶은 참되게 알기(깨달음) 이전은 물론이거니와 그 이후에도 실패와 좌절의 연속이었습니다. 붓다는 종종 음모와 비난, 살해 위협에 시달렸으며, 때로는 제자들의 외면과 홀대, 배척과 다툼을 고스란히 감내하여야 했습니다. 붓다는 거룩한 삶을 산 사람이었지만 그 찬사는 그가 별 시련 없이 편안하고 우아한 삶을 살아서 붙은 수식어가 아닙니다. 그는 평범한 보통 사람들과 마찬가지로 비바람 불고 눈보라 치는 거칠고 고단한 현실 속에 살았습니다. 하지만 고된 현실 한가운데 발 딛고 서서 중도의 팔정도행으로 자유롭고 평화로운 인간 해방의 길을 열었습니다. 그 삶의 길을 모든 이들과 함께 나누기 위해 죽는 그날까지 한순간도 쉼 없이 기꺼이 길 위에서 치열하게 살다 갔습니다. 마치 진흙탕에 피어난 연꽃 같은 삶, 탐욕과 분노와 어리석음이 부글거리는 그 현장에서 탐욕, 분노, 어리석음에 사로잡히지 않고 중도의 팔정도행으로 살아간 치열함이야말로 진정 붓다의 삶이 갖는 거룩함입니다.

붓다의 일생을 다룬 대표적인 경전이 《불본행집경》입니다. 경전을 잘 읽어보면 붓다의 일생(태어남, 진리를 향한 발심, 집을 떠남, 극단의 길을 버림, 진리를 발견함, 진리를 설함, 삶을 마무리함)을 관통하는 것은 12세 때 농경제에서 고통받는 생명들의 참상을 보며 일으킨 조건 없는 연민의 마음이었습니다. 붓다는 고통받는 사람들로 하여금 자유와 평화의 삶으로 나아가도록 '실천의 진리인 중도', '존재(오온)의 진리인 연기'의 길을 일관되게 설했습니다. 각자의 삶에서 참되게 알고 실천하도록 헌신적으로 안내하였습니다.

뒷날 붓다의 제자들은 그의 거룩한 삶을 논리적 개념으로 혹은 인격적 개념으로 설명하였습니다.

먼저 논리적 개념입니다. 《아함경(니까야)》에서는 붓다의 삶을 "중도·연기와 해탈열반(中道·緣起, 解脫涅槃), 인연의 어울림으로 이루어져 분리독립, 고정불변하는 그 무엇도 있지 않음을 있는 그대로 잘 이해하여 실천하고 안내함으로써 함께 자유롭고 평화롭게 살아간 큰 자비의 삶"으로 정의하였습니다. 그후 대승경전에서는 "연기·공과 동체대비(緣起·空, 同體大悲), 인연의 어울림으로 이루어져 분리독립, 고정불변하는 그 무엇도 있지 않음을 잘 이해하여 실천하고 안내함으로써 함께 평화롭고 자유로울 수 있도록 하는 큰 자비(사랑)의 삶"이라고 정의하고 있습니다.

다음은 인격적 개념입니다. 대표적으로《불본행집경》을 비롯하여 붓다의 삶을 다룬 경전들에서는 붓다의 탄생을 시로 표현하고 있습니다. "천상천하유아독존 삼계개고아당안지(天上天下唯我獨尊 三界皆苦我當安之), 온 세상에 나 우뚝 존귀하다. 그러므로 나의 온몸과 마음을 바쳐 온 세상의 고통을 반드시 편안케 하리."라고 하였습니다.《화엄경》에서는 "사람이 본래붓다이므로 나의 온몸과 마음을 바쳐 고통받는 뭇 생명을 구제하겠다."라고 설명하였습니다. 여기서 한 걸음 더 나아가 이 모두를 아울러 "초발심시변성정각(初發心時便成正覺)", 자신의 참모습, 본래붓다로 살겠다고 하는 첫 마음의 삶 그대로 더불어 함께 자유롭고 평화로운 완성자 붓다의 삶이라고 말하고 있습니다.

대승불교의 전통을 잘 이어오고 있는 한국 불교에서도 뛰어난 옛 스승들이 붓다의 삶을 논리적으로, 인격적으로 정의하기 위해 노력하였습니다. 원효는 붓다의 삶을 "일심동체와 동체대비(一心同體, 同體大悲), 연기적으로 이루어진 한 마음 한 몸의 정신에 따르는 큰 자비(사랑)의 삶"이라고 하였고, 의상은 "법성원융과 장엄법계(法性圓融, 莊嚴法界), 두루 어울려 이루어진 존재의 참모습에 어울리는 마음으로 온 세상을 아름답게 가꾸는 대비원력(大悲願力)의 삶"이라고 하였습니다. 화엄불교에서는 인격적 표현으로 '본래붓다와 큰 자비의 삶', 선불교에서는 '본래면목과 자유자재의 삶'이라고 표현하였습니다. 이처럼 역사 속에서 불교의 참모습을 드러내려는 시도로 '붓다의 삶'을 논리적 개념, 혹은 인격적 개념으로 다양하게 정의하였습니다.

종단은 지난 2010년 모순과 혼란의 위기 상황에 직면하였고, 그때 한국 불교의 새로운 길을 모색하기 위한 결사가 추진되었습니다. 종단의 제도나 운영의 변화만으로는 위기를 극복할 수 없다는 공감대가 폭넓게 형성되었고, 지금 시대 불교의 존재 이유에 대한 근본적인 물음이 제기되었습니다. 그 과정에서 결사본부는 초기불교와 대승불교, 교학불교와 선불교, 현대 불교와 미래 불교, 일상의 삶과 불교 수행, 깨달음과 현실의 삶, 개인의 수행과 사회적 실천 등 다양한 물음 앞에서 시대를 관통하는 불교관과 실천론의 정립이 필요하다는 데 뜻을 모았고, 적지 않은 논의를 진행하였습니다.

많은 논의 끝에 결사본부 자문위원 스님들께서 붓다의 진실한 뜻이 온전히 담긴 불교를 "있는 그대로(중도) 본 본래붓다와 큰 자비(사랑)의 삶"이라고 정의하고, 이 길만이 현대 불교가 미래로 나아갈 희망의 길이라고 결론지었습니다. 붓다가 뜻한 불교관에 철저히 바탕할 때 우리가 하고 있는 간경, 간화선, 염불, 진언, 다라니, 위파사나, 명상 등 다양한 수행들이 저마다 깨달음을 실천하는 온전한 불교 수행이 된다고 판단한 것입니다. 그리고 그 뜻을 녹이고 압축하여 한국 불교가 굳게 지켜가야 할 지향을 인격적 개념인 '붓다로 살자'라고 확정하였습니다. 초기 불교의 역사성, 대승불교의 역동성을 계승함은 물론, 미래의 한국 불교가 나아가야 할 시대정신과 진취성을 함축하는 표현으로 '붓다로 살자'가 적합하다는 의견에 따른 것입니다.

　　마침 시대를 향도할 불교의 역할을 고민하던 포교원이 신행혁신운동의 주된 방향을 '붓다로 살자'로 확정함으로써 소중한 발걸음을 내디뎠습니다. 불과 몇 년 사이에 이뤄진 일이다 보니 아직 부족한 점이 많지만, 시절 인연이 무르익어가고 있는 느낌입니다. 그만큼 불교의 참모습을 향한 대중의 갈증이 크지 않았나 생각합니다.

　　'붓다로 살자'에서 본 불교의 본래 모습은 중도의 팔정도행으로 일관한 '붓다의 삶' 그 자체에서 출발합니다. 역사 속 붓다는 평생 중도의 팔정도 사유 방식으로 가난한 마을 길 위의 현장에서 보냈습니다. 날마다 문전걸식하며 가장 낮은 자리에서 고통받는 사람들과 고락을 같이했습니다. 민초들 삶의 고통을 끌어안고 저마다 자신의 삶의 터전 위에서 즉각적으로 자유와 평화를 얻을 수 있도록 안내하는 것이 붓다의 평생 소명이었습니다.

모든 불교의 교리와 전통은 고단한 삶의 현장 한복판에서 고통받는 사람들과 함께했던 붓다의 삶에서 비롯된 것입니다. 붓다는 현장 대중의 고통을 외면한 채 불교 집단의 성장과 발전을 우선하여 무언가를 도모하거나 축적하지 않았습니다. 오늘날에도 미래에도 정법 불교는 치열한 삶의 현장 한복판에서 설해지고 실천·검증되어야 합니다. 정법 불교의 존재 이유와 가치를 제도화된 기성의 틀, 즉 종단(절집) 안에 가둬놓고, 그저 우리 집단의 이익과 번영에 골몰해서는 결코 참된 불교, 미래 불교의 희망이 만들어지지 않습니다.

불교가 역사의 질곡과 장애, 미래 사회의 도전을 뚫고 우뚝 서려면, 우리 스스로가 만들어 놓은 집단 중심의 이기적 감옥을 부수고 나와야 합니다. 붓다가 고통과 불행, 기쁨과 슬픔이 요동치는 삶의 현장에 마주했듯이 우리 한 사람 한 사람이 붓다처럼 치열하게 삶의 현장 한복판에서 자유와 평화로 안내하는 중도·연기의 삶, 즉 지혜와 자비를 실천해야 합니다. 그렇게 해야만 불교가 한국 불교를 위해 또는 세상을 위해 참된 희망의 길이 될 수 있습니다.

일상을 중도의 팔정도 사유 방식으로 치열하게 살아가도록 하기 위해 '붓다로 살자'라는 새로운 불교 운동이 시작되고, 오늘에 이르기까지 많은 분들이 열정적으로 대화하고 토론하며 함께 희망을 만들어 왔습니다. 김왕근, 신호승, 박기련, 김상기, 이상효, 홍승도, 박상진, 천유라, 정웅기 선생 등 함께해온 도반들, 그리고 붓다로 살자 신행혁신운동을 펼치고 있는 포교원장 지홍 스님을 비롯한 포교원 관계자들, 자성과쇄신결사본부와 백년대계본부에서 애쓰는 도반들에게도 지면을 빌려서나마 깊은 감사의 말씀 드립니다.

2017년 10월
도법 두손모음

붓
다
로
살
자
발
원
문

"신기하고 신기하도다.
어리석음에서 깨어나 보니
사람이 그대로 오롯한 붓다이네.

안타깝고 안타깝도다.
어리석음과 착각에 빠져
붓다인 사람이 중생 노릇하고 있네.

한심하고 한심하도다.
언제나 분주하고 고달프게
소를 타고 소를 찾고 있네.

내 이제 마땅히
중생이라는 낡은 믿음을 버리게 하리.
갈피 못 잡고 헤맴에서 깨어나게 하리.

그리하여 지금 당장 붓다처럼
정신 차린 사람, 평화로운 사람,
정의로운 사람, 자비로운 사람,
행복한 사람 붓다로 살게 하리.

소박한 사람, 지혜로운 사람,
자유로운 사람, 아름다운 사람,
행복한 사람 붓다로 살게 하리."

천지를 진동시킨 붓다의 한 말씀 한 말씀을
간절히 두 손 모아 가슴에 새깁니다.
뭇 생명의 아픔을 내 아픔으로 여겨
한 생명 빠짐없이 평화와 행복의 길로 이끌었던
붓다의 고귀한 삶과 정신을 따라 저희들 또한 지금 여기서
거룩한 붓다로 살겠습니다.

본래붓다인 나는 자연과 사람을
고귀하게 맞이하여 말하고 행동하겠습니다.
진실하게 맞이하여 말하고 행동하겠습니다.
겸허하게 맞이하여 말하고 행동하겠습니다.
그리하여 지금 당장 고귀하고 진실하고 겸허한 사람 되어
함께 행복한 사람 붓다로 살겠습니다.

본래붓다인 나는 자연과 사람을
따뜻하게 맞이하여 말하고 행동하겠습니다.
평등하게 맞이하여 말하고 행동하겠습니다.
정의롭게 맞이하여 말하고 행동하겠습니다.
그리하여 지금 당장 따뜻하고 평등하고 정의로운 사람 되어
함께 행복한 사람 붓다로 살겠습니다.

본래붓다인 나는 자연과 사람을

평화롭게 맞이하여 말하고 행동하겠습니다.

소탈하게 맞이하여 말하고 행동하겠습니다.

소박하게 맞이하여 말하고 행동하겠습니다.

그리하여 지금 당장 평화롭고 소탈하고 소박한 사람 되어

함께 행복한 사람 붓다로 살겠습니다.

나와 너, 우리 모두가 붓다임을 한시도 잊지 않으며

온 세상이 생명평화공동체가 되는 그날까지

붓다로 살기 위해 쉼 없이 정진하고자 하오니

거룩한 삼보이시여,

저희들의 굳은 서원이 이뤄지도록 지켜주소서.

마하반야바라밀!

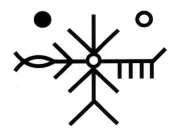

1장

역사의

붓다,

그는 어떻게

살았는가

진흙 속에
피어난 향기로운 연꽃,
인간 붓다의 삶

불교의

목적은

궁극적으로

지금

현재의

삶에서

고통을

여의고

완전한

자유와

평화를

얻는 데

있습니다.

말에 의지하지 말고
뜻에 의지하라

붓다는 분리와 차별, 억압과 탄압으로 점철된 피눈물 나는 삶의 현장에서 진리를 설하였습니다. 존재(오온)의 참모습에 대한 무지와 착각으로 탐욕과 분노와 무지가 판치는 역사 현장에서 펼쳐진 붓다의 삶과 역할을 기록한 것이 경전입니다. 따라서 그분의 삶과 역할을 잘 파악하고 이해하지 못한 상태에서의 교리 해석은 여래의 진실한 뜻을 왜곡시킬 위험이 높습니다. 《아함경》에는 "나를 보는 자 법을 보고, 법을 보는 자 나를 본다."라고 하였습니다. 이때의 '나'는 바로 탐욕, 분노, 어리석음 그리고 그로 인한 근심, 슬픔, 괴로움, 번뇌 등이 부글거리는 연못에서도 오염되지 않는 연꽃처럼 살아가신 역사 속의 붓다를 말합니다. "말에 의지하지 말고 뜻에 의지하라."고 하신 붓다의 정신에 따라 역사 현장에서 펼쳐진 붓다의 삶과 역할을 바르게 이해해야만 붓다가 설한 진리를 제대로 이해할 수 있다는 말씀입니다.

안타깝게도 오늘날 우리가 읽고 있는 대부분의 불교 경전에는 비바람 부는 인생고해, 눈보라 치는 삼계화택의 역사 현장에서 펼쳐진 붓다의 삶과 활동이 상세하게 소개되어 있지 않습니다. 붓다의 일생을 기록한 《불본행집경》이나, 붓다의 삶을 한 편의 서사시로 쓴 《불소행찬(붓다차리타)》 같은 기록물은 붓다의 인간적 모습을 생생히 옮기기보다는 그분의 특별하고 거룩한 모습을 미화시켜 다분히 신화적으로 기술하고 있습니다. 반면

《율장》이나 《열반경》, 《법구경 주석서》 등에는 붓다가 법을 설할 당시의 정황들이 기록되어 인간 붓다의 체취를 좀 더 현실감 있게 느낄 수 있습니다.

나라별로 문화권별로 붓다의 삶은 조금씩 다르게 기록되었습니다. 대승불교권인 동아시아의 불교미술품 가운데에는 붓다가 부왕 숫도다나(정반왕)의 관을 메고 가는 모습이 종종 등장합니다. 깨달음을 이룬 이후에도 관을 메고 아버지의 장례를 치렀을 정도로 효자였음을 보여주려 한 것입니다. 남방 경전에는 전혀 없는 이야기입니다. 또한 붓다가 왕과 귀족들을 대상으로 법을 설할 때 자신의 7대조까지 언급하는 장면이 나옵니다. 붓다 자신이 귀한 가문의 후손이며 순수한 혈통임을 언급하는 묘사는 혈통을 중시하던 동북아시아의 사회질서를 고려하였던 흔적으로 보입니다. 붓다가 신분 차별을 부정하였던 역사적 사실과는 모순됩니다.

스리랑카, 미얀마 등 남방불교에서 이번 겁(현세)의 붓다는 석가모니 한 사람뿐입니다. 그러므로 보통 사람인 우리는 붓다가 될 수 없으며, 성문 아라한이 되는 것을 수행의 궁극적 목표라고 한계 짓습니다. 상대적으로 신화적 기술이 적고, 인간 붓다의 체취가 많이 남은 남방의 《니까야》에서조차 붓다는 범접할 수 없는 외경의 대상이 되어있습니다. '붓다로 돌아가자'는 기치로 생겨난 대승불교권 또한 마찬가지입니다. 56억 7천만 년 후 사바세계에 나투실 미륵부처님 이전은 붓다가 없는 시대이므로, 보통 사람인 우리는 금생에 붓다 될 꿈을 접고 먼 훗날 미륵부처님 시대를 기다리는 수밖에 없다고 합니다. 경전 내용은 말 그대로 따라 하면 붓다는 사람이 아닙니다. 보통 사람들은 감히 가까이할 수 없는 신이 되어 있습니다. "말에 의지하지 말고 뜻에 의지하라."고 하신 붓다의 정신으로 해석하면 붓다가 석가모니 한 사람뿐이라고 하는 경전의 표현은 오히려 조선 시대에 훌륭한여러 임금이 있었지만 조선을 개국한 임금은 태조 한 사람뿐이라는 의미로 해석되어야 합니다. 그래야 인간 붓다, 역사의 붓다를 이해하고 공감하는 데로 나아갈 수 있습니다.

남북전을 통틀어 가장 오랫동안 대중들에게 회자된 붓다의 전기는 '팔상성도'입니다. 팔상성도는 붓다의 일생을 여덟 장면으로 담은 그림 이야기입니다. 문자나 인쇄물이 대중화되어 있지 않던 시절, 글을 모르는 사람들에게 불교를 전하고자 만들어진 일종의 압축판 '붓다의 전기'인 셈입니다. 팔상성도는 신화가 지배하던 시대에 만들어졌습니다. 비록 신화적 표현에 갇혀 있는 한계가 있지만 그럼에도 불구하고 기존의 세계관을 뛰어넘으려고 고심한 흔적 또한 역력합니다. 팔상성도의 첫 장면은 붓다의 전생인 호명 보살이 도솔천을 떠나 사바세계로 내

려오는 모습으로 시작합니다. 붓다가 도솔천의 호명 보살이었을 때 사바세계의 뭇 생명을 구제하기 위해 마야부인의 태중에 들었다는 이야기입니다. 굳이 탄생 이전의 장면을 붓다의 일생에 삽입한 이유는 세계를 창조한 브라만신에 철저히 종속된 존재로 인간을 보는 브라만교의 세계관을 넘어서고자 하였기 때문입니다. 붓다의 출생을 빌어 뭇 생명 모두가 차별 없이 존귀한 존재임을 드러내고자 하였던 것입니다.

붓다의 삶에 대한 신화적 기술은 신화가 지배하던 시절 불교가 널리 퍼지게 하는 데 기여했지만, 역으로 우리를 인간 붓다의 삶으로부터 멀어지게 하였습니다. 붓다를 범접할 수 없는 초월적 존재로 인식하게 하였습니다. 그로 인하여 마치 소를 타고 소를 찾아 헤매듯이 지금 당장 붓다로 살기 위해 전력투구하기보다는 아득히 먼 훗날 도달하게 될 높은 경지의 붓다가 되기 위해 오늘을 소모하게 만들었습니다. 어떤 이들은 "붓다 당시의 제자들은 근기가 높아서 금세 성자가 될 수 있었지만, 지금은 정법이 쇠퇴한 말법시대이고 중생들의 근기가 낮아 어쩔 수 없다."고 말합니다. 불교사 2700년 내내 지금은 말법시대라는 한탄이 없었던 적이 없습니다. 봉건시대 왕들이 스스로를 붓다라고 참칭하는 것을 막고자 붓다를 범접할 수 없는 특별한 존재로 묘사하였는지 모르겠지만, 인간의 존재 가치를 스스로 폄하하

고 부정하는 것은 붓다가 그토록 타파하고자 하였던 비주체적
이고 종속적인 숙명론과 다름없습니다.

　　오늘날 한국 불교가 안고 있는 모순과 혼란 역시 신비화된
붓다와 깨달음, 불교와 수행에 대한 비중도적인 이해와 인식에
서 비롯된 것이 적지 않습니다. 불교의 목적은 궁극적으로 지
금 여기 현재의 삶에서 고통을 여의고 완전한 자유와 평화를 얻
는 데 있습니다. 그러므로 지금 여기 내 삶의 표본이 되고 이상
이 되고 실현 가능한 목표가 되도록 하려면 깨달음으로 살았던
인간 붓다의 삶, 그 가운데서도 깨달음의 실천인 중도의 팔정도
행으로 일관한 인간 붓다를 주목해야 합니다. 요즈음 뜻있는 불
교인들이 모순과 혼란에서 빠져나오려는 열망, 정법 불교 참된
불교를 찾고자 하는 뜻으로 초기불교, 원형불교에 대해 관심이
높습니다. 필요한 일이고 중요한 일입니다. 그런데 대부분 경전
의 교리 공부와 제시된 형식에 맞춰 수행하는 데에만 집중할 뿐
가장 원형인 인간 붓다의 삶을 탐구하는 불교 공부와 현실적인
삶과 연결시킨 수행이 보이지 않아 아쉽습니다. 실제 내용을 잘
짚어보면 가장 초기요 원형인 불교는 붓다의 삶 자체, 그리고
《초전법륜경》과 '전법선언'에 잘 나타나 있습니다.

　　몇 가지로 정리해보면 첫째, 양극단을 버림. 둘째, 중도의
길을 발견함. 셋째, 연기의 진리를 참되게 앎. 넷째, 신과 인간의

44

45

굴레를 벗어남. 다섯째, 사람들의 이익과 안락을 위해 길 떠남. 여섯째, 원만하고 청정한 행을 보임. 일곱째, 처음·중간·끝도 좋은 의미와 문장을 갖춘 설법 등입니다.

　이 내용들을 관심 기울여 음미해보면 합리적 의심에 합리적 대답이 되는 매우 명료한 불교, 일상의 삶과 불교 수행이 일치될 수 있는 매우 매력적인 불교임에 의심의 여지가 없습니다. 사실 붓다의 삶, 그리고 《초전법륜경》과 '전법선언' 내용을 보면 모순과 혼란에 빠질 이유가 없습니다. 오히려 합리적 의심에 합리적 대답이 되는 내용이기 때문에 "나의 진리, 나의 가르침은 누구나 바로 이해·실현·경험된다."고 하는 《아함경(니까야)》 말씀이 설득력을 갖게 합니다. 붓다가 가르친 진리가 그러하듯 평범한 사람도 금세 붓다의 삶을 따라 배울 수 있고, 따라 실천하기만 하면 즉시 결실을 맺을 수 있도록 설명되어 있습니다.

　다행히 최근 들어 붓다의 삶에 대한 관심이 깊어지면서 《율장》을 비롯한 경전의 여기저기에 흩어져 있는 인간 붓다의 편린을 모으는 일들이 시도되고 있습니다. 머지않아 좀 더 사실적이고 인간적인 붓다의 45년 행적들이 잘 복원될 것입니다. 생생한 역사의 현장에서 이루어진 역사의 붓다, 인간 붓다의 삶이 우리를 불교의 출발점으로 다가가도록 도와줄 것입니다. 여기에선 붓다의 삶을 여섯 장면으로 간추려 살펴보겠습니다.

출가와
깨달음

대부분의 전기에서는 붓다가 사대성문 밖으로 소풍 나갔을 때 길가에 버려진 늙은이, 병든 이, 죽은 이, 출가 수행자를 처음 본 사문유관(四門遊觀)을 출가 동기로 설명합니다. 숫도다나 왕은 왕자의 출가를 막기 위해 어떤 고통과 슬픔도 느끼지 않고 오로지 환락과 풍요에 젖어 살도록 했습니다. 그런데 어느 날 우연히 성문 밖으로 소풍 나간 싯다르타가 길가에 버려진 비참한 늙은이, 병든 이, 죽은 이의 모습을 보고 인생의 무상함을 느꼈고, 북문 밖에서 단순소박하게 수행하는 사문을 본 후 출가를 결심하였다고 합니다. 당시 석가족은 코살라국 내의 작은 부족국가였습니다. 아무리 귀하게 자랐다 해도 공동체 안에서 15세가 될 때까지 사람이 늙고 병들고 죽는 것을 몰랐다는 것은 너무 비현실적입니다. '사문유관'은 싯다르타의 출가가 얼마나 위대한 포기였는지를 잘 드러내기 위하여 출가 전과 후를 드라마틱하게 대비시키려는 문학적 장치로 이해해야 합니다. 그렇다면 실제는 어떠했을까요?

싯다르타는 태어난 지 일주일 만에 어머니를 잃습니다. 12세 때 농경제에서 서로 먹고 먹히고 죽이고 죽임을 당하는 비극적인 약육강식의 현장을 보고 깊은 연민의 명상에 잠길 정도로 감수성이 탁월한 아이였습니다. 그런 싯다르타가 청소년기인 15세 무렵 성 밖으로 나가 성안에서는 볼 수 없었던 비참하게 버려진 환자, 노인 시체를 길거리에서 보게 됩니다. 소외된 이들의 버려진 삶의 참상을 처음 본 충격은 이루 말할 수 없었습니다. 어린 싯다르타는 사회적으로 버려진 자들의 비참함을 보며 한없는 연민을 느꼈습니다. 저 인간적이고 사회적인 고통이 어디에서 오는 것이며, 왕자인 자신이 무엇을 어떻게 해야 하는가 하는 물음에 깊이 빠져들었습니다. 싯다르타의 출가 동기인 '사문유관'은 생로병사 그 자체를 처음 접한 충격이었다기보다는 버림받은 자들의 늙음, 병듦, 죽음의 비참함을 본 후 일어난 인간적이고 사회적인 물음이라고 보아야 합니다.

싯다르타의 출가 이유에 대해서도 좀 더 폭넓게 살펴봐야 합니다. 보통 생로병사라는 개인의 고뇌 때문에 출가했다고 하는데, 너무 단순한 해석이 아닌가 합니다. 일단 개인의 실존적 고통과 사회적 고통이 무관한 것인지, 칼로 무 자르듯이 분리시킬 수 있는 것인지를 묻게 됩니다. 관념적으로는 무관하다, 분리된다고 할 수 있겠지만 실제로는 결코 그럴 수 없습니다.

이쯤에서 싯다르타가 붙잡고 골몰했던 인간적이고 합리적인 문제의식을 정리해봅시다. 아마 상식적인 사고방식으로 붓다의 생애와 경율론 삼장을 두루 섭렵하는 것만으로는 그 내용이 명료하게 드러나지 않을 것입니다. 오히려 싯다르타가 찾고 싶었던 해답, 찾아낸 해답을 갖고 역으로 짚어보아야 그 내용이 선명해질 것입니다. 그렇다면 싯다르타가 찾고 싶은 해답, 찾아낸 해답의 원형이 어디에 있으며 구체적으로 무엇일까요? 대표적인 경전은 《초전법륜경》이고 내용은 중도와 연기(사성제)입니다. 이제 찾아낸 해답인 '사성제'를 인간적이고 합리적인 질문으로 바꾸어봅시다.

첫째, 현실 인간의 삶은 고통스럽고 불행하다.

둘째, 왜 그럴까, 그 원인이 무엇일까?

셋째, 해결책이 있어야 한다. 만일 없다면 살아야 할 가치가 없다.

넷째, 그 길이 무엇일까, 어디에 있을까?

술을 마셔도 춤을 춰도 사랑을 해도 부귀공명을 누려도 너무나 인간적인 저 물음, 너무나 합리적인 저 물음 앞에 잠을 이룰 수가 없었습니다. 현상적으로만 보면 개인의 고뇌 때문에 집을 떠났다고 할 수 있지만 아버지 숫도다나 왕을 비롯해 온 나라 사람들이 간곡하게 만류하는데도 나라와 부모, 처자식을 버리고 떠난 싯다르타의 출가 동기가 그저 개인의 고민 때문이라고 설명하는 것은 너무나 궁색합니다. 인류사를 전환시킨 그의 위대한 깨달음과도 잘 연결되지 않습니다.

앞서 사문유관을 사회적으로 소외된 성문 밖 사람들의 삶과 고통에 대한 연민으로 해석하였듯이 싯다르타의 출가도 자신을 포함한 고통받는 세상 사람들에 대한 연민심, 그 고통의 문제를 근원적으로 해결하고픈 인간적 열망에 따른 결단이었다고 보아야 합니다. 그래야 "나는 인생 화두에 대한 해답을 찾기 위해 반드시 집을 떠나 출가하겠다. 그리고 해답을 찾은 다음 반드시 돌아오겠다. 내가 사랑하는 부모 형제 그리고 내 나라와 인간 세상을 위해."라고 한 《불본행집경》의 내용도 합리적으로 이해될 수 있습니다. 싯다르타의 출가 동기가 개인적이면서도 사회적인 문제의식의 결단으로 설명되어야 오늘날 출가하는 스님들이 어떤 문제의식으로 출가하고, 출가해서 어떻게 살고 어떤 역할을 해야 할지도 명확해집니다.

출가란 싯다르타에게 어떤 의미였을까요? 출가란 집이라는 안락함을 버림과 동시에 비바람 치는 광야의 삶을 선택하는 결단입니다. 자신을 옭아매고 있는 관습의 굴레로부터 홀가분해진 '자유로운 삶'을 의미하기도 합니다. 앞서도 언급하였듯이 싯다르타는 생에 두 번 출가합니다. 세속을 버리고 출가를 선택한 것이 첫 번째 출가이고, 출가 후에 인도 종교사회에서 최고의 길로 제시된 안락선정수행과 해탈고행수행의 길, 두 극단의 길을 경험해본 후 미련 없이 버리고 중도의 출가를 선택한 것이 두 번째 출가였습니다. 극단에 사로잡힌 기성 종교 문화의 굴레를 벗어버리고 두 번째 출가를 통해 얻은 실천의 진리인 있는 그대로의 길, 중도의 팔정도(정진-단단히 마음먹고, 정념-정신 바짝 차리고, 정정-차분하고 침착하게, 정견-잘 관찰하고, 정사유-잘 사유하여 도출된 것을, 정어-말로 할 것은 말로, 정업-행으로 할 것은 행으로, 정명-삶으로 살 것은 삶으로 사는 것)야말로 싯다르타를 깨달은 자, 붓다로 나아가게 한 참된 길이었음을 명심해야 합니다.

사문 싯다르타는 당시 궁극의 안락함을 선물하는 최고의 길로 제시된 안락선정의 길도, 궁극의 해탈을 선물하는 극한의 해탈고행의 길도 모두 버렸습니다. 목동이 공양 올린 풀방석 위에 앉은 그는 오직 중도의 사유 방식으로 고통에 시달리는 자신의 참모습을 있는 그대로 확인하고자 주의 기울여 치열하게 관찰·사유함으로써 깨달은 자, 붓다가 되었습니다. 그 과정과 내용을 압축하여 살펴보겠습니다.

붓다의 6년 수행과 포기

붓다는 6년 동안 안락선정수행과 해탈고행수행, 두 극단의 수행을 했습니다. 그러나 6년이라는 긴 시간의 수행을 단박에 포기합니다. 그 과정은 이렇습니다.

안락선정수행

붓다는 선정 수행자들이 정신적 안락과 희열을 추구하는 정신통일(非想非非想處禪定)의 최고 경지에 올라갔습니다. 그러나 이 경지에서 정신적 편안함과 기쁨은 있었지만 구체적으로 다음 네 가지의 해답은 얻지 못했습니다.

① 고통은 무엇인가?

② 고통은 왜 발생하는가?

③ 고통에서 벗어날 수 있는가?

④ 고통에서 벗어나려면 어떻게 해야 하는가?

해탈고행수행

붓다는 고행 수행자들이 자아의 해탈(자유)을 추구하는 고행수행의 최고 경지까지 올라갔습니다. 그러나 여전히 해답을 찾을 수 없었습니다.

① 목숨을 건 고행은 죽음에 이르는 고통을 낳을 뿐이었고,

② 해탈은 그림자도 볼 수 없었으며,

③ 고행수행으로는 찾고 싶은 해답을 찾을 수 없었다.

담대한 포기

모두가 걷는 그 길을 포기하는 것은 참으로 위대한 용기가 필요

합니다. 의문점을 해결하기 위해 붓다가 선택한 것은 익숙한 길에 대한 포기였습니다.

① 붓다는 당대 최고 수행의 길로 제시된 브라만과 아트만, 전생 업보와 윤회를 전제로 한 선정수행·고행수행 모두 최정점의 경지까지 도달했다.

② 그런데도 찾고 싶은 해답의 길을 찾지 못했다.

③ 길이 아닌 잘못된 길임을 경험적으로 깨달았다.

④ 대범하게 버리고 떠났다.

붓다의 성찰과 모색

붓다는 두 길을 포기한 뒤 먼저 그동안 지나온 길을 돌이켜보았습니다. 끝까지 자신을 몰아붙이는 성찰을 통해 붓다는 두 번째 출가의 길로 나설 수 있게 되었습니다.

어디에서 길을 잃은 것일까

붓다는 다음의 이유로 자신이 길을 잃었음을 알았습니다.

① 지금 여기 결과로 나타나 있는 자신의 고통에 직면하지 않았다.

② 고통이 구체적으로 무엇무엇인지, 어떤 의미가 있는지 확인하지 않았다.

③ 고통의 원인이 무엇인지 명료하게 파악하지 않았다.

④ 성급한 마음으로 해답이 있다는 말만 믿고 따라갔다.

이제 어떻게 해야 하는가

붓다는 종합적으로 정리하고 검토하며 길 찾기에 골몰했습니다.

① 지금 고통을 겪고 있는 내가(싯다르타 자신이) 문제 삼고 있는 그 고통은 구체적으로 무엇인가? 어떤 의미가 있는가?

② 왜 고통을 견디며 살 수밖에 없는가?

③ 그 고통은 어디에서 오는가?

④ 고통에서 벗어나는 길은 무엇인가?

⑤ 길은 어디에 있는가?

농경제 경험에 착안하다

어린 시절 붓다는 농경제에 나갔다가 생명들이 고통받는 모습을 보며 깊은 연민에 빠져들었습니다. 붓다는 그때의 경험을 떠올리며 답을 구하려 했습니다.

① 어떤 전제도 없이 눈앞의 고통에 직면했다.

② 어떤 전제도 없이 고통에 대한 깊은 연민심에 젖어들었다.

③ 어떤 전제도 없이 연민심으로 깊이 몰두했던 어린 시절의 경험을 떠올렸다.

④ 어떤 전제도 없이 그 연민심으로 해답을 찾고자 깊이 몰두했다.

원위치, 첫 마음으로 돌아가 탐구하다

① 어떤 전제도 없이 지금 여기 있는 그대로의 현장인 원위치로 돌아와(중도적으로) 앉았다.

② 어떤 전제도 없는 첫 마음으로 직면한 있는 그대로의 존재(오온), 즉 지금 여기 자신의 고통과 마주했다.

③ 어떤 전제도 없이 고통이 구체적으로 무엇무엇인지, 어떤 의미가 있는지 관찰·사유(고성제)했다.

④ 어떤 전제도 없이 그 원인이 무엇인지 관찰·사유(집성제)했다.

⑤ 어떤 전제도 없이 그 해답이 가능한지 관찰·사유(멸성제)했다.

⑥ 어떤 전제도 없이 해답을 찾는 실천의 길이 무엇인지 관찰·사유(도성제)했다.

새로운 출발, 있는 그대로의 길 – 중도의 출가

① 세상 사람들이 걷던 양극단의 길을 용감하게 버리고 떠났다(중도의 출가).

② 어떤 전제도 없이 있는 그대로의 현장 길, 중도가 실천의 진리임을 경험적으로 알았다.

③ 대범하게 실천의 진리인 중도, 있는 그대로의 길을 걸어갔다.

④ 어떤 전제도 없이 현장에 있는 고통의 실상(오온)과 마주했다.

⑤ 어떤 전제도 없이 차분하게 주의 기울여 직면한 고통의 실상

(오온)을 관찰·사유했다.

⑥ 고통의 종류가 여러 가지임을, 동시에 깊은 의미가 있음을 알았다.

- 첫 번째 화살의 고통 : 인간이란 자신도 모르게 태어나 살고, 늙고 싶지 않은데 늙고, 마찬가지로 병들고, 죽고, 원수 만나고, 애인과 이별하고, 내 뜻대로 할 수 없고, 내 뜻대로 하고 싶은 의욕이 왕성한 만큼 고통스러워지는 존재이다. 그 고통은 생명 활동 과정에서 매우 중요한 의미를 가지며, 태어난 이상 그 누구도 거부하거나 피할 수 없는 운명(필연)적인 것이다.

- 두 번째 화살의 고통 : 인간이 겪게 되는 사고팔고(四苦八苦)로 인한 근심, 슬픔, 낙심, 불안 등의 고통은 지금 여기, 자기 존재의 실상에 대한 무지와 착각과 집착 때문에 만들어지는 인위적인 것임을 알았다.

- 일상에서 펼쳐지는 고통들 : 여자이기 때문에 겪는 고통이 있듯이 남자, 아이, 어른, 강자, 약자, 빈자, 부자, 홀로, 함께 또는 마음, 말, 몸, 과거, 현재, 미래 등 첫 번째 화살의 고통과 두 번째 화살의 고통이 뒤섞인 혼란스러운 것들이 무수히 있음을 알았다.

⑦ 고통의 주체인 인간(나)은 어떤 존재인가. 인간(나)은 인연화

합의 진리로 이루어진 다섯 무더기의 존재임을 알았다.

⑧ 고통은 어떻게 발생하고 소멸하는가. 발생의 조건을 만들면
발생하고, 소멸의 조건을 만들면 소멸하게 됨을 알았다.

- 고통의 발생을 부르는 조건은 무엇인가 : 고통의 발생을
부르는 원인과 조건을 설명하는 유전문인 12연기이다.

- 고통의 소멸을 부르는 조건은 무엇인가 : 고통의 소멸을
부르는 원인과 조건을 설명하는 환멸문인 12연기이다.
유전문은 고통이 발생하는 원인과 과정을 설명하는 것
을 말하고, 환멸문은 고통의 근본 원인인 모름(무명)이 앎
(깨달음)으로 바뀌면 무명 다음의 행이 사라지고, 행이 사
라지면 식이 사라지는 순으로 우비고뇌까지 사라짐을
설명하는 것을 말한다.

붓다의 삶에서 확인되는 깨달음

붓다의 앎(깨달음)을 잘 이해하기 위해 전법선언의 첫 구절(나와
그대는 신과 인간의 굴레로부터 자유로워졌다)을 깊이 천착할 필요가
있습니다.

붓다의 깨달음(앎) 1

① 브라만(梵神)과 아트만(眞我)을 전제로 한 안락선정수행과 해

탈고행수행의 길이 잘못된 길임을 경험적으로 참되게 알았다(깨달음).

② 이전에 누구도 가본 적이 없는 있는 그대로의 현장 길인 중도가 참된 실천의 진리임을 경험적으로 참되게 알았다(깨달음).

붓다의 깨달음(앎) 2

① 누구도 가본 적이 없는, 자신이 직접 경험하고 터득한 실천의 진리인 중도의 길을 과감하게 갔다.

② 중도적으로 지금 여기 고통받는 존재(자신)의 실상을 주의 기울여 관찰·사유함으로써 분리독립·고정불변의 그 무엇도 있지 않고 오로지 인연화합으로 이루어져 있다는, 이전의 누구도 알지 못했던 존재(오온)의 진리인 연기법을 참되게 알았다(깨달음).

③ 중도적으로 관찰·사유하여 연기법을 참되게 앎으로써 참 자유·참 평화인 해탈열반의 삶을 누리게 되었고 동시에 깨달음(앎)이 일상의 삶으로 완성되었음을 참되게 알았다.

붓다의 깨달음, 12연기

**중도적으로 보면 12연기는 직면한 고통의 발생과 소멸을
말할 뿐, 윤회를 설명하고 있지 않다.**

지금 여기 인연화합으로 이루어진 한 사람(오온), 자기 자신
이 있습니다. 지금 자신의 무명명색식, 무명육입, 무명육경
이 만나 함께(접촉)하는 순간,

① **무명** : 지금 자신이 인연화합으로 이루어진 일심동체
(육근, 육경, 육식)임을 있는 그대로 알지 못하는 어리석
음의 경향으로 활동을 한다.

② **무명행** : 그로 인하여 그 경향이 점점 진화하고 구체화되
어 따로 분리되어 있다고 하는 어리석은 맹목적 의지의
활동을 한다.

③ **무명식** : 그로 인하여 그 경향이 점점 진화하고 구체화
되어 따로 분리되어 있다고 하는 어리석은 분별 활동을
한다.

④ **무명명색식** : 그로 인하여 그 경향이 점점 진화하고 구체화되어 정신과 물질, 주체와 객체가 따로 분리되어 있다고 하는 어리석은 명색식 활동을 한다.

⑤ **무명육입** : 그로 인하여 그 경향이 점점 진화하고 구체화되어 따로 분리되어 있다고 하는 어리석은 명색식이 육입으로 활동한다.

⑥ **무명촉** : 그로 인하여 그 경향이 점점 진화하고 구체화되어 따로 분리되어 있다고 하는 어리석은 무명명색식과 무명육입, 무명육경이 만나 함께하는 순간 어리석은 무명육식 활동을 한다.

⑦ **무명수** : 그로 인하여 그 경향이 점점 진화하고 구체화되어 분리된 실체가 따로 있다고 하는 어리석은 느낌 활동을 한다.

⑧ **무명애** : 그로 인하여 그 경향이 점점 진화하고 구체화되어 좋음·싫음·좋지도 싫지도 않음의 어리석은 갈애 활동을 한다.

⑨ **무명취** : 그로 인하여 그 경향이 점점 진화하고 구체화되어 갈애의 대상에 대한 어리석은 취착 활동을 한다.

⑩ **무명유** : 그로 인하여 그 경향이 점점 진화하고 구체화되어 취착할 것이 실제 따로 있다고 하는 어리석은 확신 활동을 한다.

⑪ **무명생** : 그로 인하여 그 경향이 점점 진화하고 구체화되어 정신과 육체, 주체와 객체가 실제 분리되어 있다고 하는 어리석은 확신의 탐진치 활동을 한다.

⑫ **무명노사** : 그로 인하여 그 경향이 점점 진화하고 구체화되어 어리석은 무명의 탐진치 마음으로 사고팔고의 삶을 살게 되고, 그로 인하여 그 삶이 우비고뇌의 삶으로 전개된다.

우리가 해결해야 할 고통이 그물의 그물코처럼 되어 있는 일심동체(육근·육경·육식)인 자신의 참모습(오온)에 대한 무지로 인하여 발생함과, 자신의 참모습에 대한 무지에서 벗어나 참된 앎(깨달음)으로 살면 우리의 바람인 해탈열반의 삶이 바로 이루어짐을 열두 가지 과정으로 설명하는 것이 12연기(十二緣起)입니다.

12연기를 실천 체계화한 것이 사성제입니다. 불교는 경험적 진실을 말하고 있으므로 첫 출발을 나타나 있는 결과로부터 시작합니다. 따라서 중도의 팔정도 사유 방식으로 12연기를 실천 체계화한 사성제를 정리해봅니다.

① **고성제** : 구체적으로 나타나 있는 결과인, 고는 무엇인
가? 고의 실상을 있는 그대로 이해한다.

② **집성제** : 고의 원인은 무엇일까? 원인의 실상을 있는
그대로 이해한다.

③ **멸성제** : 고는 틀림없이 소멸될 수 있을까? 소멸의 실
상을 있는 그대로 이해한다.

④ **도성제** : 소멸의 길은 무엇일까? 길의 실상을 있는 그
대로 이해한다.

붓다의 앎(깨달음)을 종합적으로 정리하면 다음과 같습니다.

첫째, 양극단의 길은 길이 아님을 경험적으로 참되게 알았습니다.

둘째, 있는 그대로의 길인 중도가 참된 실천의 진리임을 경험적으로 참되게 알았습니다.

셋째, 중도의 사유 방식으로 연기법이 존재의 진리임을 경험적으로 참되게 알았습니다.

넷째, 중도의 사유 방식으로 보니 인연으로 발생하고 소멸할 뿐 생사가 본래 없음을 참되게 알게 되고, 그 순간 바로 해탈 열반의 삶이 됨을 경험적으로 참되게 알았습니다.

중도로 본 중도(걸어가야 할 길)의 팔정도(길 가는 방법과 수단)

_ 중도는 실천론이지 존재론이 아니다 _

중도, 걸어가야 할 있는 그대로의 현장 길

비유 ①   ㉠ 목숨보다 더 중요한 보물을(자신＝오온) 잃었다.

㉡ 보물을 찾으려면 반드시 잃어버린 현장에 직면해야 한다.

• 잃어버린 현장에 직면하는 것을 걸어가야 할 있는 그대로의 길, 중도라고 한다.

비유 ②   ㉠ 새란 새의 온 존재(자신=오온)를 지칭한다.

㉡ 새의 문제를 다루려면 새의 온 존재에 직면해야
한다.

- 새 자체에 직면하는 것을 걸어가야 할 있는 그대로의 길, 중도라고 한다.

팔정도, 적재적소에 맞는 실행

비유 ①의 경우

○ 있는 그대로의 현장에 직면함이 중도(걸어갈 길)이다.

○ 그 현장에서 적재적소에 맞게 이 구석 저 구석을 잘 살피고
다루는 것이 팔정도(길 가는 방법과 수단)이다.

비유 ②의 경우

○ 있는 그대로인 새의 온 존재(오온)에 직면함이 중도(걸어갈 길)
이다.

○ 그 새의 부리, 머리, 두 눈, 두 날개, 두 발 등을 잘 알고 적재
적소에 맞게 잘 다루고 쓰는 것이 팔정도(걸어가는 방법과 수
단)이다.

사성제

붓다 자신이 직접 경험한 전체의 내용을 종합하여 무엇(유전문)

을 어떻게(환멸문)할 것인가 하는 물음으로 정리한 것이 사성제 체계이다.

① 무엇인가

- 고성제 : 지금 오온의 존재인 본인(인간)이 겪고 있는 고통이 무엇인가?

  첫 번째 화살의 고통인 사고팔고와 두 번째 화살의 고통인 우비고뇌이다.

- 집성제 : 그 고통은 왜 발생하는가?

  자신의 참모습(오온)이 인연화합의 진리로 이루어진 일심동체(근·경·식, 본래붓다, 본래면목)라는 사실에 대한 무지로 탐진치를 일으키고, 그 탐진치의 삶 때문에 고통이 발생한다(고가 발생하는 12연기).

② 어떻게 해야 하는가

- 멸성제 : 고통으로부터의 해탈열반은 가능한가?

  고통의 원인이 무지의 탐진치이므로 그 무지의 탐진치가 본래 없음을 참되게 알면(깨달음) 바로 해탈열반이다.

- 도성제 : 고통으로부터의 해탈열반은 어떻게 가능한가?

  있는 그대로의 길인 중도의 팔정도로 접근하면 무지의 탐진치가 본래 없음을 있는 그대로 참되게 알게 되고, 본래 없음을 참되게 알면 바로 해탈열반의 삶이 된다(고

뜻으로 풀어보면, 신과 인간의 굴레에서 벗어났다고 하는 전법선언의 가르침처럼 인간은 신의 노예, 운명의 노예, 업보의 노예가 아닙니다. 오히려 자신의 삶과 세상을 주체적으로 창조하는 매우 고귀한 존재입니다. 그렇기 때문에 옛 스승들은 '유아독존과 아당안지', '본래붓다와 동체대비'라고 표현했습니다.

붓다가 얻은 참된 앎(깨달음)은 신비한 체험이나, 심오하여 알 수 없는 그 무엇이 아닙니다. 다만 인연화합의 진리로 이루어진 자신의 참모습(오온)을 있는 그대로 보지 못하게 하는 우리의 편견과 고정관념, 두려움만 걷어내면 바로 환하고 편안해지는 것입니다. 그는 "아, 남녀노소 빈부귀천을 막론하고 스스로 주체적이고 창조적이고 고귀한 존재(오온)이구나. 그런데 명백한 이 사실을 모르고 마치 소를 타고 소를 찾듯이 무지와 착각의 관습과 제도인 기성 종교에 의해 지배당하고 있었구나."라고 생각했습니다. 이렇게 그는 자신의 참모습(오온)을 있는 그대로 관찰·사유하여 있는 그대로의 참모습(오온)이 본래붓다임을 잘 이해함(참된 앎)으로써 '깨달은 자, 붓다'가 되었습니다.

붓다의 참된 앎(깨달음)은 인류사 이래 가장 획기적인 지적 혁명이었으며, 또한 기성 종교의 세계관을 송두리째 무너뜨리는 파격이었습니다. 그러나 감탄과 격찬의 평가는 후대의 일이고, 그가 살아 계시던 당시에는 전혀 달랐습니다. 35세의 약관을 갓 넘긴 한 청년에게 금세 사람들이 열광하며 호응했을 리 없습니다. 사이비 신흥 종교 지도자쯤으로 취급하지 않았으면 다행이었을지 모릅니다. 사람들은 기성 종교관과 너무도 다른 파격적인 그의 가르침을 반신반의하며 붓다와 그를 추종하는 이들이 어떻게 살고 있는가를 유심히 지켜보았습니다. 전법은 처음부터 눈보라 치는 열린 광장에서 자신의 삶을 온전히 보여주는 것으로 시작해야 했습니다.

붓다가 발견한 실천의 진리,
일상적으로 실천할 중도의 팔정도

기존의 팔정도 해석에 이어, 순서와 관계없이 팔정도의 뜻을 간결하게 정리하였다.

① **경전에 나온 순서에 따라 풀이한 팔정도**

정견 : 지금 여기 마주하고 있는 자신의 참모습(인드라망 무늬)을 단단히 마음먹고 정신 바짝 차리고 침착하게 잘 관찰·사유하여 있는 그대로 바로 보고 이해함을 뜻한다. 내용으로 보면 지금 여기 나의 참모습은 내가 곧 전체, 전체가 곧 나, 내가 그대로 우주, 우주 그대로 나, 즉 온 우주가 그물의 그물코처럼 연기로 이루어진 일심동체(육근·육경·육식)임을 있는 그대로 잘 보고 이해한다.

정사유 : 잘 보고 이해한 내용을 거듭 사유 음미하여 틀림없다고 하는 확신을 확립한다.

정어 : 틀림없다고 확립한 내용을 있는 그대로 말로 해야 할 때는 말로 표현한다.

정업 : 말한 그대로 실행해야 할 때는 실행한다(말은 실행되었을 때, 말이 참되어진다).

정명 : 정견, 정사유, 정어, 정업, 정념, 정정, 정정진의 정신으로 생활(의식주 등의 삶)한다.

정념 : 바르게 보고 사유한 것을 언제나 기억하고, 또는 순간순간 그 내용에 대해 깨어 있는다.

정정 : 칭찬, 비난, 협박, 유혹, 이익, 손해, 성공, 실패 등에 동요하지 않고, 흔들림 없이 평정을 유지한다.

정정진 : 팔정도의 생활화를 위해 온몸과 마음을 다해 노력한다.

언제나 있는 그대로의 현장에 직면하여 응병여약의 정신으로 마음·몸·입 등을 필요에 따라 적재적소에 맞게 적용하여 실천하는 것이 팔정도이고, 그 내용을 종합하여 대승불교식으로 표현하면 동체대비행이라고 할 수 있습니다.
있는 그대로의 현장 즉 중도에 입각하여 팔정도를 실천해야 중도가 완성되고, 중도에 입각하여 팔정도를 실천할 때 비로소 팔정도가 완성됩니다.

② 순서와 관계없이 뜻으로 풀이한 팔정도

정정진 : 단단히 마음먹는다.

정념 : 정신을 바짝 차린다.

정정 : 차분하고 침착하게 한다.

정견 : 있는 그대로의 참모습을 잘 관찰하여 이해한다.

정사유 : 깊이 잘 사유하여 잘 판단한다.

정어 : 판단한 내용을 말로 해야 할 것은 말로 한다.

정업 : 행동으로 해야 할 것은 행동한다.

정명 : 삶으로 살아야 할 것은 삶으로 산다.

그렇게 적재적소에 맞게 하면 그 삶이 너에게도 괜찮고 나에게도 괜찮게 됩니다. 나아가 해탈·열반의 삶으로 전개됩니다. 즉, 조건생, 조건멸하는 연기(12연기)법의 진리를 참되게 알게 됩니다(깨달음).

전법선언과
초기 교단의 형성

실천의 진리인 중도, 존재(오온)의 진리인 연기법에 대한 참된 앎(깨달음)을 실천하는 첫걸음으로 붓다는 성도지에서 멀리 떨어져 있는 종교도시 바라나시를 향했습니다. 가장 먼저 자신에게 안락선정수행을 가르쳐준 스승들을 찾아 자신이 알아낸 참된 앎(깨달음)을 전하려 하였습니다. 그들이라면 참된 앎(깨달음)의 내용을 알아들을 만한 사람들이라고 판단하였기 때문입니다. 그런데 그들이 얼마 전 세상을 떠났다는 소식을 듣게 됩니다. 그다음에는 함께 고행하던 다섯 명의 친구들을 찾아 나섭니다. 그들이 바라나시 인근의 녹야원에 머물고 있다는 소식을 듣고 붓다는 중도의 팔정도 사유 방식으로 걸어갑니다. 가는 길에 한 브라만을 만나 자신이 참된 앎(깨달음)을 이룬 자 붓다임을 설명하지만 그 브라만은 냉소하며 지나쳐버립니다. 이 첫 번째 실패 사례를 통해 붓다는 길을 걷는 내내 어떻게 다섯 명의 동료 고행자를 설득할 것인지 깊이 모색하였습니다. 더구나 그들은 고행을 멈춘 붓다를 비난하고 떠난 이들이었으니까요.

마침내 녹야원에 도착한 붓다가 중도의 팔정도 사유 방식으로 다섯 고행자와 치열하게 대면합니다. 변절자 타락자라고 비난하며 떠나온 고행자들은 쉽게 가슴을 열지 않았습니다. 그들에게 붓다는 환영받지 못하는 불청객이었습니다. 이렇게 저렇게 모색해보지만 불신과 의심이 풀리지 않자 붓다는 이렇게 말합니다. "벗이여, 그대들은 내가 거짓말하는 것을 본 적이 있는가, 지금처럼 밝은 표정을 본 적이 있는가, 확신에 찬 자신감을 본 적이 있는가, 일찍이 이렇게 적극적인 태도를 본 적이 있는가." 드디어 불청객인 붓다와 다섯 고행자의 본격적인 대화가 시작되었습니다. 열정적으로 법에 대해 묻고 답하는 장면과 내용이 《초전법륜경》을 비롯한 많은 경전에 상세하게 담겨 있습니다.

붓다가 다섯 고행자에게 말했을 내용을 뜻으로 옮겨보겠습니다.

"벗이여, 그대들은 신의 노예도, 운명의 노예도, 업보의 노예도 아닙니다. 그대 자신의 참모습이 그대로 그대의 삶과 세상을 창조하는 주인, 본래붓다입니다."

"고타마여, 그렇게 말하지 마십시오. 우리는 이해되지 않습니다. 받아들일 수 없습니다."

"벗이여, 관념의 길, 관습의 길인 안락선정수행과 해탈고행수행을 버리고 중도·연기, 있는 그대로의 길을 가야 합니다. 지금 바로 자신의 참모습을 있는 그대로 보십시오. 있는 그대로 보면 그대의 참모습은 그물의 그물코처럼 모자람 없이 잘 갖추어진 본래부터 매우 완전한 존재(오온)입니다. 인간은 신의 노예, 운명의 노예, 업보의 노예가 아닙니다. 오히려 스스로 마음먹고 행위하면 행위하는 대로 자기 삶과 세상이 창조되는 창조주입니다. 신, 운명, 업보의 노예인 중생이 아니라 주체적으로 자신의 삶과 세상을 창조하는 주인, 본래붓다입니다."

다섯 고행자는 붓다의 말을 쉽사리 이해하지 못했습니다. 순번을 정해 밥을 빌어 나누어 먹으며 생활했습니다. 붓다는 실천의 진리인 있는 그대로의 길 중도와 그물의 그물코처럼 이루어진 존재의 진리인 연기법을 열정적으로 설명하고 또 설명했습니다. 실천의 진리인 있는 그대로의 길 중도, 그리고 그물의 그물코처럼 서로 연결되어 한시도 멈춤 없이 서로를 물들이고 있는 존재(오온)의 진리인 연기를, 신과 자아가 존재한다고 굳건히 믿는 단견의 병을 앓고 있는 고행자들에게 무상무아의 개념으로 설명하였습니다.

　　가장 먼저 꼰단냐가 이해했습니다. 붓다는 뛸 듯이 기뻤습니다. "오, 꼰단냐여, 그대가 드디어 참되게 알았도다. 삶의 주인이 되어 사는 눈을 얻었도다." 나머지 네 명의 고행자도 오래지 않아 중도·연기의 내용을 이해했습니다. 그들도 붓다와 마찬가지로 무지와 착각의 관념이 만들어낸 영원불멸의 실체인 브라만과 아트만이라는 신념의 속박으로부터 벗어나게 되었습니다.

붓다는 그들과의 대화 과정에서 자신이 경험적으로 참되게 알아낸 12연기, 이를 실천 체계화한 사성제를 설파했습니다. 고통과 그 원인, 고통의 소멸과 소멸로 나아가는 길을 분명히 이해시킴으로써 미혹한 자에서 깨달은 자, 아라한 비구로 탈바꿈하게 하였습니다. 역사적인 불교 공동체가 첫발을 내딛는 순간이었습니다. 꼰단냐를 비롯한 다섯 비구 모두 후일 교단의 든든한 주춧돌이 됩니다. 곧이어 녹야원에서 야사비구의 출가가 이어집니다. 초기 제자인 1,250아라한 중 야사비구는 친구들과 밤새 술 마시고 노래하고 춤추며 놀기 바쁜 혈기왕성한 청년이었습니다. 경전에 자세한 기록이 없지만, 청년 야사가 붓다와 잠깐의 만남과 대화로 비구 아라한이 될 수 있었던 것은 야사가 기성의 철학적·종교적 신념이 확고한 다른 초기 제자들과 달리 스스로를 옭아맨 선입견이 확고하지 않아서였을 것으로 보입니다.

다섯 비구와 야사, 그리고 그 친구들의 성취를 보며 붓다는 전법의 가능성과 방향을 확신하게 됩니다. 그때부터 붓다는 본격적으로 인간을 노예로 만들었던 신화적 금기를 타파하고, 주체적이고 창조적인 삶의 길을 열었습니다. 인류사의 신새벽을 연 장쾌한 장면이 비로소 시작되었습니다. 불교의 원형을 가장 잘 드러내고 있으며, 불교사 전체를 관통하여 여래의 참뜻을 가장 명료하게 드러내고 있는 전법선언을 한번 옮겨보겠습니다.

"비구들이여, 나는 신과 인간의 모든 속박에서 벗어났다. 그대들도 신과 인간의 모든 속박에서 벗어났다. 비구들이여! 길을 떠나라. 여러 사람들의 이익과 안락을 위하여, 세상에 대한 깊은 연민심으로 길을 떠나라. 두 사람이 한길로 가지 마라. 비구들이여, 처음도 좋고 중간도 좋고 끝도 좋은, 의미와 문장을 갖춘 법을 설하라. 아주 원만하고 청정한 행을 드러내 보여라. 세상에는 마음에 먼지와 때가 적은 자도 있다. 그들이 법을 듣지 못하면 퇴보하겠지만, 법을 들으면 바로 알게 되리라. 비구들이여! 나도 전법을 위해 우루벨라의 세나니 마을로 가리라."

중도의 실천론과 연기의 세계관으로 무장하여 주인 된 삶을 살아갈 수 있는 눈을 열어주는 것이 곧 전법입니다. 불교의 전법은 내 편을 늘리거나 세력을 확장하는 것이 아니며, 교리에 대한 믿음과 복종을 요구하지 않습니다. 제 삶이 자유로워진 사람들은 의도적으로 애쓰지 않아도 자연스레 타인에게 좋은 영향을 미치게 됩니다. 그러나 제 스스로 자유롭지 않은 이가 타인에게 자유와 평화를 선물하기는 어렵습니다. 붓다는 "자유롭고 평화로워진 그대, 이제 뭇 생명의 이익과 안락을 위해 길을 떠나라."고 말했습니다. 그 길을 무소의 뿔처럼 혼자서 가라고 했습니다. 전혀 조직적이지 않으면서도 인류사에서 가장 오래 살아남은 조직, 이 역설의 불교 공동체는 이렇게 세상을 향해 본격적으로 나아가게 됩니다.

초기불교 공동체의 주역이자 전도선언의 주인공은 비구, 즉 출가자입니다. 출가자는 위대한 승리자입니다. 부와 명예를 추구하는 견고한 욕망의 세계를 과감히 떨치고 나와 단순 소박한 유랑 생활을 하며 자신을 얽어매고 있는 무지, 편견, 고정관념을 끊어내기 위해 온 힘을 다할 때 그는 사람과 하늘의 공경을 받는 승리자가 됩니다. 반대로 출가자가 상가에서 쫓겨나는 죄를 '바라이'라 하는데, 바라이는 팔리어로 빠라지카, 즉 패배의 의미를 갖습니다. 무지와 착각의 관념으로 형성된 신과 인간의 굴레로부터 벗어나는 승리의 길에서 물러난 패배자란 의미입니다. 붓다는 많은 제자들에게 출가를 권유하였습니다. 인간의 존엄성을 왜곡하고 억압하는 사회적 굴레가 심했던 상황에서 생명들의 이익과 안락을 위해 온전히 자신의 삶을 던지려면 출가 독신 생활이 훨씬 유리하다고 판단했기 때문입니다.

60명의 벗들이 전법을 떠난 후 붓다는 우루벨라(보드가야)

로 가서 중도의 팔정도 사유 방식으로 카시아파 삼 형제를 제
도합니다. 이들 삼 형제는 불을 섬기는 무리들의 지도자로 당시
가야에서 큰 세력을 떨치고 있었습니다. 삼 형제 중 맏이인 우
루벨라 카시아파를 시작으로 붓다는 지혜와 덕으로 이들 형제
를 감화시킵니다. 그들을 따르던 제자들 1천 명이 모두 붓다의
제자가 됨으로써 불교 교단은 급성장하게 됩니다. 이미 붓다가
기성 종교의 유력한 지도자를 만나 설득시킬 정도로 자신감과
기개가 넘쳤고, 그 대상을 선택함에 있어 매우 사려 깊게 판단
하였음을 알 수 있습니다.

　　카시아파 삼 형제의 귀의에 이어 바라문 출신의 자이나교
도인 사리불과 목건련, 그를 따르는 2백여 명이 함께 귀의하면
서 초기불교 공동체는 1,250명의 큰 규모로 성장합니다. 우리가
아침저녁으로 외는 예불문의 '제대아라한'이 바로 이들입니다.
다섯 비구는 고행주의자였고, 야사와 그의 친구들은 향락에 젖
은 부잣집 젊은이들이었으며, 카시아파 삼 형제와 그의 제자들
은 불을 섬기는 사람들이었습니다. 그리고 사리불과 목건련은
자이나교도였습니다. 그런데 그들은 모두 붓다로부터 진리의
가르침을 들은 지 얼마 되지 않아 성자 아라한이 되었습니다.

세상의 고통을 품은
길 위의 삶

성도 후 붓다의 삶 45년은 한마디로 불타는 집 속의 삶이자, 비바람 불고 눈보라 치는 길 위의 삶입니다. 뭇 생명과 고락을 함께하는 길 위의 삶이란 본래 호락호락하지 않습니다. 언제 어디서 누구를 만날지, 어떤 일이 벌어질지 짐작할 수 없기 때문에 불확실성에 자신을 온전히 던져야 가능합니다. 사람들은 참된 앎(깨달음)을 이룬 이후 붓다가 특별한 존재로 대접받으며 살았을 것이라고 생각하지만 그것은 전혀 사실과 다릅니다. 붓다는 종종 추위, 배고픔, 해침, 비난, 병고와 폭언, 폭력에 시달리기도 했습니다. 불확실한 삶의 현장에서 살아가려면 스스로 흔들림 없이 주체적인 삶의 태도를 유지하여야 합니다. 한없이 자유로우면서도 한시도 긴장을 늦출 수 없는 치열한 현장 삶을 통해 나눔과 비움도 이루어집니다. 붓다는 그 삶의 모습을 종종 연꽃에 비유했습니다. 진흙탕에 굳건히 발 딛고 선 청정한 연꽃처럼 혼탁한 고난의 현장에서도 늘 자유롭고 평화로웠으며, 모든 생명들에게 자비로웠습니다. '처염상정(處染常淨)', 더러움에 오염되지 않는 연꽃 같은 삶이었습니다.

길 위의 삶은 민중들의 고락에서 한시도 눈을 뗄 수 없는 삶입니다. 매일 오전 중에 행해진 탁발 걸식은 백성들의 삶과 만나는 밀접한 소통의 순간이었습니다. 수행자들은 밥을 빌어 먹는 과정에서 자연스럽게 민초들의 삶의 실상을 보았고, 그들의 삶에 도움이 되는 법을 설하였습니다.

붓다는 전법을 함에 있어 어려운 교리를 설하기보다는 사람들이 겪고 있는 당면한 고통의 문제를 바로 보고 해결하는 길을 제시하는 철저히 실용적인 입장에 섰습니다. 또한 종교적 가르침을 앞세워 사람들을 복종시키거나, 일상의 삶을 희생하라고 강요하지도 않았습니다. 법(진리)과 참된 앎(깨달음)이 세상의 고통과 무관한 것일 수 없음을, 다음의 일화가 잘 말해줍니다.

붓다께서 기원정사에 계실 때 일이다.
소를 치는 농부가 있었다. 그는 붓다께서 마을에 오신다는 말을 듣고, 법문을 들으려고 결심하였다. 그런데 간밤에 고삐를 풀고 나간 소를 찾으러 가야 했다. 농부는 한낮이 지나서야 소를 찾게 되었고, 그제서야 붓다의 법문을 들으러 갈 수 있었다. 그는 붓다께 조용히 인사를 올리고 옆에 앉았다. 그의 행색을 본 붓다가 공양 책임자에게 "남은 음식이 있는가?"라고 묻고 그에게 음식을 주게 하였다. 그리고 그 가난한 농부가 음식을 다 먹을 때까지 기다렸다가 설법하셨다.
법문이 끝난 후 비구들이 투덜거렸다. 가난한 농부 한 사람을 위해 그 많은 사람을 기다리게 한 것을 이해할 수 없었다.
그 말씀을 들은 붓다가 중도의 팔정도 사유 방식으로 말했다. "그는 아침부터 배고픔을 참으며 소를 찾아 돌아다녔다. 배고픔의 고통을 겪고 있는 사람에게 법문을 하면 그가 듣는 데 집중할 수 없기 때문에 나는 그를 배려해서 그렇게 했다. 비구들이여, 이 세상에 배고픔의 고통보다 더한 고통은 없다."

_《법구경 이야기 3》

몸의 중심이 어디인가? 하고 물어보면 사람들은 뇌다, 혹은 심장이다라고 말합니다. 그런데 실제 몸의 중심은 그때그때 아픈 곳입니다. 발가락 하나를 다쳐도 사람은 그곳을 치료하기 위해 온몸과 마음으로 정성을 기울입니다. 그렇듯이 공동체의 중심도 아픈 사람, 고통스러운 사람입니다. 붓다께서는 법을 베푸는 그 현장의 공동체 안에서 배고픈 목동, 그의 고통을 공동체 생명의 중심으로 간주하였던 것입니다.

그렇다고 하더라도 사람들은 밥을 굶은 목동 한 사람을 위해 수십 명의 사람을 기다리게 하는 것은 부당하다고 여깁니다. '한 사람이 모두를 위해서'엔 쉽게 동의하지만, '모두가 한 사람을 위해서'엔 쉽게 동의하지 않습니다. 대부분 '너는 너고, 나는 나다.'라는 단절적 생명관에 바탕하고 있기 때문입니다. 반면 그물의 그물코처럼 공동체를 하나의 생명으로 생각하면, 고통받는 그를 돕기 위해 공동체 전체가 함께하는 것은 너무도 자연스러운 일입니다. 공동체는 개인의 성숙을 돕고, 개인은 공동체의 발전에 기여합니다. 더불어 함께의 공동체적 삶을 살아갈 때 단단한 아집, 아집으로 뭉친 자아를 떠나 자연스레 이웃을 보살피게 됩니다.

붓다가 성도 후 15년째 되던 해, 고향을 찾았습니다. 그 무렵 로히니 강을 사이에 둔 샤카족과 꼴리야족 군대가 살벌하게 맞섰습니다. 그해 가뭄이 들자, 제 논에 먼저 강물을 끌어대는 문제로 사소한 다툼을 벌이다 일촉즉발의 전쟁 위기에까지 다다랐습니다.

이때 노란 가사를 입은 붓다께서 중도의 팔정도 사유 방식으로 두 군진의 가운데를 평화롭게 걸어오신다. 양측 군대가 술렁인다. 특히 석가족은 자기 부족의 성자인 붓다를 알아보고 안절부절이다.

"당신들은 무엇 때문에 전쟁을 벌이는가?"

"물 때문입니다."

"물이 얼마만큼의 값이 나가는가?"

"그 물로 벼를 키워 식량을 마련합니다."

"양쪽 병사들의 목숨과 피는 얼마만큼의 값이 나가는가?"

"값을 매길 수 없습니다."

"작은 가치의 물 때문에 값을 따질 수 없는 목숨을 서로 죽이는 것이 얼마나 어리석은 일인가."

_《법구경》

붓다는 일이 있을 때마다 제자들을 물리치고 늘 홀로 나섰습니다. 사람들의 마음을 움직여 평화적으로 해결하는 데는 힘과 세력이 도움 되지 않는다고 여기신 듯합니다.

　우리는 붓다가 세상을 품는 방식에 주목해야 합니다. 붓다는 사회의 숱한 차별과 억압적 장치의 부당함을 깨우치기 위해 문제 제기와 비판을 하지만 직접 맞서 싸우지 않았습니다. 약자(피억압자)를 조직하여 강자(억압자·지배층)를 비난하거나 권력을 빼앗는 식의 싸움을 하지 않았습니다. 붓다가 택한 방식은 자신의 공동체 안에서 그 문제가 해결되는 방식으로 직접 살아내는 것이었습니다. 신분 차별, 성차별하는 사람들을 비난하거나 맞서 싸우지 않고, 자신의 공동체를 신분과 성을 초월한 평등한 공동체로 운영하는 것이 붓다의 방식이었습니다. 그렇게 불교 공동체 스스로 대안적 삶을 살아냄으로써, 그 정신과 방식이 자연스럽게 세상으로 흘러 들어가게 했습니다.

참된 앎(깨달음)으로 살아가는 붓다의 일상은 어떠하였을까요? 당시 출가 수행자의 소유물은 '삼의일발(三衣一鉢)'이었습니다. 삼의는 비구에게 소유가 허용된 세 종류의 옷(속옷, 중옷, 대가사)을 말하고, 일발은 한 개의 발우(음식 공양구)를 말합니다. 입을 것과 먹을 것을 최소화하고 나무 밑이나 동굴, 무덤에서 머물렀습니다. 교단 형성 초기에는 오늘날과 같은 절이 없었습니다. 점차 시주자들의 기부로 절(精舍)이 생겨납니다. 초기의 절은 오늘의 절과 확연히 다릅니다. 대부분 스님들의 거주처인 승방이었고, 일부는 법을 설하는 설법전이었습니다.

붓다는 출가 수행자가 소유할 수 있는 일상적인 소유물을 발우와 가사, 소똥으로 만든 진기약으로 제한하였습니다. 일상적인 물품(현전승물)을 제외한 모든 소유물은 점유와 이용은 자유롭되, 소유와 처분은 함부로 못 하게 하는 '사방승물' 전통을 확립하였습니다. 개인이 처분할 수 있는 현전승물 외에 사방승물이라는 시공을 초월한 공유 개념이 불교도들의 단순 소박한 삶을 가능하게 하였습니다.

붓다의 하루 일과는 어떠하였을까요? 초기 경전인 《상윳따 니까야》를 근거로 나라타 장로가 기록한 〈붓다와 그의 가르침〉에 의하면, "붓다는 ① 오전 6시에서 12시까지는 하늘 눈으로 세상을 관찰하며 탁발하고 대중들에게 설법하였다. ② 12시부터 오후 6시까지는 수행승들이나 고통받는 사람을 살피고 일반 사람이나 신도들을 가르쳤다. ③ 초저녁 6시에서 밤 10시까지는 수행승들이 방문하면 그들과 대화를 나누었다. ④ 한밤중과 새벽에는 하늘사람이나 악마들과 대화를 나누고, 경행, 취침, 열반, 대자비 삼매에 들었다."고 기록되어 있습니다.

붓다는 탁발 공양 시간 이전에는 주로 출가 제자들과 시간을 보내고, 탁발 공양을 한 이후 오후에는 공양을 올린 재가 대중이나, 길에서 만나는 사람들에게 설법을 하였습니다. 밤중에는 주로 명상의 시간을 보내면서 때로 제자들을 지도하였음을 알 수 있습니다. 붓다는 만나는 사람들을 진리로 이끌기 위해 끊임없이 소통하며 하루를 보냈습니다.

고난 속에서
세상의 평화와 자유를 위해

붓다가 가는 곳마다 거룩한 성자로 후한 대접을 받았으리라고 생각하지만, 실상은 그렇지 않았습니다. 언젠가 붓다께서 시자 아난과 함께 한 성에 도착했습니다. 바라문 출신의 성주는 사람들의 공경심이 붓다에게로 옮겨갈까 봐 걱정한 끝에 영을 내렸습니다. "붓다에게 공양을 올리거나 붓다의 말에 귀 기울이면 500냥의 벌금을 물리겠다."

다음 날 붓다는 중도의 팔정도 사유 방식으로 탁발하러 나갔지만 누구도 공양을 올리지 않았습니다. 그런데 때마침 어느 부잣집의 늙은 하녀가 쉰 쌀뜨물을 버리러 나왔다가 붓다를 보게 되었습니다. 그녀는 붓다에 대한 공경심으로 쉰 쌀뜨물을 들고 여쭈었습니다. "가진 것이라고는 쉰 뜨물뿐인데, 혹시 이것이라도 괜찮으시다면 올리겠습니다." 붓다는 환히 웃으며 쉰 뜨물을 고맙게 받았습니다. 《대지도론》에 있는 이 일화는 아난이 시자를 할 때의 일이므로 붓다의 45년 전법 인생 후반기에 해당합니다. 이미 붓다의 명성이 알려지고 교단이 어느 정도 자리를 잡았을 때조차 걸식이 쉽지 않았고, 굶는 경우가 적지 않았음을 알 수 있습니다. 언젠가 가뭄이 심하게 들었을 때 말먹이인 밀기울을 간신히 얻어와 배고파하는 젊은 수행자들 위주로 끓여먹게 했다는 가슴 아픈 일화도 전합니다.

교단이 확립되는 과정에서 비방과 음해, 고난 또한 적지 않았습니다. 초기에는 붓다가 마법으로 사람들을 홀린다는 비난, 멀쩡한 가장이나 아들들을 출가시켜 가정을 파괴한다는 비난 이 많았습니다. 바라문들은 '친차'라는 여성을 시켜 붓다의 아이를 임신했다며 수개월간에 걸쳐 모략을 진행하기도 했습니다. 단순한 비방이 아니라 해코지나 폭력도 감내해야 했습니다. 특히 코삼비국의 왕비 마간디야가 행했던 일은 붓다와 교단이 겪은 어려움의 실상이 어떠했으며, 그에 대해 붓다가 어떻게 대응하였는지를 잘 보여줍니다.

붓다께서 코삼비국의 고시따라마 수도원에 머물 때였다. 코삼비국의 세 번째 왕비인 마간디야는 시집오기 전 자신을 붓다와 결혼시키고자 했던 부모님의 청혼을 붓다께서 단호히 거절하자 앙심을 품은 이였다. 마간디야는 붓다가 고시따라마 수도원에 머물고 있다는 소식을 듣자 불량배들을 불러 붓다를 괴롭혀 쫓아내라고 지시했다. 불량배들은 붓다의 뒤를 따라다니며 욕설을 하고 먼지를 덮어씌우거나 침을 뱉는 등 온갖 거친 행동으로 붓다를 괴롭혔다. 이런 일들이 며칠간 계속되자 시자인 아난이 간청했다.
"세존이시여, 이 성 사람들이 욕설과 비방을 퍼붓고 있습니다. 다른 곳으로 옮겨가십시다."

그때 붓다는 중도의 팔정도 사유 방식으로 말씀하셨습니다.

"아난아, 어디로 간단 말이냐?"

"다른 도시로 가야지요."

"아난아, 그 도시에서도 욕설과 비방을 퍼부으면 그땐 어디로 갈 것이냐?"

"또 다른 도시로 가야 하지 않겠습니까?"

"아난아, 그래서는 안 된다. 어려움이 일어나면 어려움이 가라앉을 때까지 기다려야 한다. 어려움이 가라앉은 다음에 다른 곳으로 가야 한다."

아난을 타이른 붓다는 대중들에게 다음과 같은 게송을 설한다.

"여래는 마치 전쟁터에 나간 코끼리와 같다.

코끼리가 사방에서 날아오는 화살을 견디듯이

여래는 욕설과 비방을 참고 견딘다.

사람들이 대부분 도덕과 계율을 모르기 때문에

사람들은 잘 길들인 코끼리를 데려가고

임금은 잘 길들인 코끼리를 탄다

날아오는 비난의 화살을 잘 참는 사람이

자신을 가장 잘 길들인 사람이다…. (이하 생략)"

_《법구경》〈코끼리비유품(象喩品)〉

우리는 붓다가 대중들로부터 늘 고귀한 추앙을 받았으리라고 생각하지만, 그것은 사실과 다릅니다. 붓다도 때때로 비난과 폭력을 고스란히 감내해야 했습니다. 붓다는 비난을 받지 않았던 사람이 아니라 잘 길들여진 코끼리처럼 비난의 화살을 잘 견뎠던 사람입니다. 비난에 사로잡히거나 걸리지 않는 데 붓다의 위대함이 있는 것입니다.

용사혼잡의
불교 공동체, 상가

혈연으로 맺어진 가족이나 씨족을 제외하고 아마 인류사에서 가장 오래된 공동체를 들라 하면 불교 공동체인 '상가(Sangha, 僧伽)'를 들 수 있을 것입니다. 상가는 여러 강물이 강의 이름을 버리고 오직 하나의 바닷물이 되듯, 빈부귀천에 관계없이 누구나 구성원이 되면 오직 붓다, 법의 자식이 되게 하는 평등한 공동체였습니다. 상가의 구성원은 출신 계급·인종·직업에 관계없이 처음 배우는 이는 윗자리 비구를 공경하고 윗자리 비구는 새로 배우는 아랫자리 비구를 잘 보살펴 물과 젖처럼 서로 어울려 하나 되었습니다. 승단은 거룩한 이들의 모임이라기보다는 오히려 평범한 이조차 거룩함으로 이끄는 모임이었습니다.

북인도의 두 강대국인 마가다국과 코살라국을 중심으로 교단이 자리를 잡자, 붓다는 성도 후 6년 만에 비로소 자신의 조국인 카필라로 향합니다. 카필라에서 붓다는 집을 나선 지 10여 년 만에 부왕 숫도다나와 양모 마하프라자파티, 부인 야소다라와 아들 라훌라 등 정든 지인들을 만납니다. 이들은 금세 붓다가 설한 진리의 세계로 들어섭니다. 반년 정도를 카필라 성에 머무르는 동안 석가족 5백여 명의 사람들이 출가를 하고 수많은 재가 신도들의 귀의가 이어졌습니다.

카필라 성을 떠나 마가다국으로 돌아온 직후 난타와 데바닷타를 비롯한 여섯 왕자와 이발사 우팔리가 출가한 일화도 교훈적입니다. 붓다가 카필라국에 다녀간 후 왕자 여섯이 함께 출가할 것을 결심하고 마가다국으로 향합니다. 왕궁의 이발사였던 우팔리는 왕자들을 삭발시켜 안내한 뒤 자신도 출가하고 싶은 열망이 생겨 집으로 돌아가지 않고 합류하여 출가를 하게 됩니다. 비슷한 시기에 출가한 이들 가운데 붓다는 오히려 우팔리를 사형이 되게 하여 왕자들로 하여금 예경하게 합니다. "여러 강물이 강의 이름을 버리고 오직 하나의 바닷물이 되듯, 상가의 일원이 되면 오직 평등한 법의 자식이다."라고 하며 평등한 공동체인 상가의 본보기로 삼습니다.

이즈음 똥지게꾼 니이다이의 출가도 세간에 큰 화제가 됩니다. 붓다께서 슈라바스티 성에 계실 때 니이다이는 똥이 가득한 똥통을 메고 길을 가다 붓다를 만나게 됩니다. 붓다가 다가오자 놀란 니이다이가 피하려다 그만 똥물이 붓다의 옷에까지 튀고 맙니다. 이때 붓다는 중도의 팔정도 사유 방식으로 니이다이의 손을 잡아 일으키며 "니이다이여, 나와 함께 강으로 가서 씻자." 하고 그를 이끕니다. 그러고는 평등하고 청정한 진리의 세계로 그를 안내합니다. 아무도 거들떠보지 않던 불가촉천민 니이다이가 출가했다는 소식은 슈라바스티 전역에 퍼져나갑니다. 우팔리에 이어 니이다이의 출가까지 이어지면서 상가는 평등한 종교 공동체로서 세상의 변화를 바라는 많은 이들에게 그 존재만으로도 희망을 주었습니다.

붓다가 카필라 성을 방문하고 돌아온 지 몇 년 안 되어 부왕인 숫도다나가 세상을 뜹니다. 장례를 치르자마자 마하프라자파티 왕비는 붓다에게 출가를 간청합니다. 당시 인도 사회에서 여성은 남성의 소유물이나 다름없었고, 여성이 유랑 걸식을 하며 출가 생활을 이어가는 것은 상상하기 어려운 일이었습니다. 붓다는 중도의 팔정도 사유 방식으로 "아직 때가 이르지 않았다."고 세 번이나 거절하지만, 아난의 간청을 계기로 여성 출가를 허용합니다. 사회적 여건을 감안하여 '비구 상가의 보호와 지도'를 받게 하였지만, 참된 앎(깨달음)과 수행 생활에 차별을 두지 않았습니다.

이로써 붓다의 교단은 남녀 수행자(비구, 비구니), 남녀 재가 신도(우바새, 우바이) 사부대중(四部大衆)으로 오늘날까지 이어지는 불교 공동체의 원형을 완성하게 됩니다. 현대에 들어서까지도 대부분의 종교 안에서 여성의 종교적 역할이 제한되거나 차별받는 현실을 감안하면 2700여 년 전 붓다의 여성 출가 허용이 얼마나 대단한 일이었는지를 알 수 있습니다.

불교 공동체 상가는 일정한 구역(界) 안에 거주하는 대중을 구성원으로 정했는데 이를 결계(結界)라 합니다. 보통 하루 만에 오고 갈 수 있는(오늘로 치면 10리 안팎) 거리 내에 있는 구성원들이 하나의 현전상가로 묶였습니다. 현전상가는 네 사람 이상으로 성립되었습니다. 포살(布薩, 계목을 읽으며 각자의 허물을 드러내는 대중공사)을 할 수 있는 최소 규모의 공동체(4인 상가)가 공동체의 최소 단위가 되었습니다. 다섯 명 이상은 자자(自恣, 자기 허물을 대중으로부터 청해 듣는 대중공사)를 할 수 있고, 열 사람 이상은 비구의 출가와 출죄(出罪, 일정 기간 공동체 밖에 격리시키거나 쫓아내는 죄)를 제외한 모든 갈마(羯磨, 수계·참회·징벌·의결 등과 같은 공동체 내의 일을 처리하는 대중공사)를 할 수 있고, 스무 명 이상은 출죄까지 모든 갈마를 할 수 있었습니다. 현전상가의 규모별로 할 수 있는 일을 정함으로써 불필요한 갈등과 혼란을 막게 한 붓다의 지혜를 알 수 있습니다.

현장에 튼튼하게 자리 잡은 기초 공동체들 간에는 사방상가라는 개념으로 연결되었습니다. 누구든 상가를 옮겨도 구성원으로서의 권리와 의무를 누릴 수 있었습니다. 예컨대 종로 상가의 구성원들이 멀리 제주 상가에 가서도 공동체 구성원이 될 수 있었고, 이는 나라라는 울타리를 벗어나도, 다음 세대에게도 마찬가지였습니다. 상가는 공간과 시간을 초월한 열린 공동체입니다. 촘촘하게 짜인 기초 공동체로서의 '현전상가', 그리고 이 기초 공동체들 간의 느슨한 연대체인 '사방상가', 이 상가의

조직 전통이야말로 불교 공동체의 청정, 화합, 영속성을 가져온
원동력이었습니다.

상가는 붓다 당시에도 다양한 사람들로 구성된 용사혼잡(龍蛇
混雜), 범성동거(凡聖同居)의 공동체였습니다. 용과 뱀이, 범인과
성인이 한데 섞여 사는 공동체이니 뛰어난 이들도 많았지만 문
제 있는 사람도 많았습니다. 별의별 사람들이 모인 다양한 공동
체이다 보니 온갖 갈등과 다툼도 종종 발생하였습니다.

　　몇 번의 경험을 통해 다툼을 그치는 법, 즉 멸쟁법이 마련
되었습니다. 멸쟁법은 다툼을 4가지 종류(논쟁, 비난, 범죄, 절차를
둘러싼 다툼)로 나누고, 해결 방법을 7가지 단계로 정리하여(칠멸
쟁법) 다툼을 그치고 화합공동체로 돌아가게 해주는 장치였습
니다. 출가 공동체 내부의 규율은 《율장》에 명시된 멸쟁법으로
다루었고, 재가신자들이 수행 생활을 방해하거나 물의를 일으
켰을 시에는 발우를 뒤집어엎는다는 의미의 복발조치(일종의 공
양 거부)를 할 수 있게 하였습니다.

　　아무리 좋은 제도를 만들어도, 문제가 전혀 없는 공동체는
없습니다. 붓다가 성도 후 열 번째 안거를 코삼비에서 보낼 때
일어난 저 유명한 코삼비 비구들의 분쟁이 대표적입니다. 뒷물
을 처리하는 문제로 편을 갈라 다툼을 벌였습니다. 비구들은 붓

다가 직접 말려도 듣지 않았습니다. 서로를 비난하며 몸싸움까지 하게 됩니다. 아무리 말려도 제자들이 말을 듣지 않자 붓다는 홀로 말없이 코삼비를 떠나 망고나무 숲으로 갑니다.

이 숲에서 붓다는 아니룻다(아나율)와 난디야, 킴빌라 등 세 명의 비구가 사는 수행처를 찾아갑니다. 스승을 맞이한 제자들에게 붓다가 묻습니다. "비구들이여, 그대들은 화목하게 지내고 있는가?" 아니룻다가 답합니다. "스승이시여, 저희는 서로 깊이 존경하며 화목하게 지내고 있습니다. 저는 도반에게 무슨 말을 하기 전에 이들이 어떤 반응을 보일까를 스스로에게 물어봅니다. 제 말과 행동이 이들을 어떤 식으로든 실망시킬 듯하면 하려던 말과 행동을 그만둡니다." 난디야가 덧붙입니다. "저희는 세 사람이지만 혼자 있는 것과 마찬가지입니다. 저희는 음식에서부터 생각과 경험에 이르기까지 모든 것을 함께 나누고 있습니다." 붓다는 기뻐하며 그들을 칭찬합니다. "훌륭하다. 그대들이 화목한 것을 보니 기쁘구나. 상가는 화목할 때만 진정한 상가이다." 그러면서 붓다는 그들 세 명의 비구와 한 달을 보냅니다. 그때 붓다가 설한 가르침이 '육화경'입니다.

언젠가 병든 비구가 홀로 방치되어 고통을 겪고 있었습니다. 그는 침상에서 똥 범벅이 된 채 굶고 있었습니다. 그 모습을 본 붓다는 중도의 팔정도 사유 방식으로 그를 닦아주고, 자리를 갈아준 후 먹을 것을 챙겨주었습니다. 붓다는 주변의 수행자들을 불러 모아 물었습니다. "그대들은 왜 아픈 도반을 보살피지 않았는가?" 그들은 "처음에는 돌봤었는데, 스스로 더 이상 폐를 끼치고 싶지 않다고 하여 놔두었다."고 답했습니다. 붓다는 "아픈 도반을 돌보는 것이 곧 나 여래를 돌보는 것이다."라고 하며 수행자들이 서로 돌보며 살도록 하였습니다.

붓다가 일군 불교 공동체는 인도를 넘어 각국으로 퍼져나가면서 각각이 처한 환경과 조건에 맞게 변용이 일어납니다. 하지만 사방승물 제도, 화합의 중시, 멸쟁법과 같은 핵심적인 공동체 윤리는 일관되게 지켜지면서 불교 공동체의 균질성을 오늘날까지 유지시켜줍니다. 불교 공동체 원리와 규율은 오늘날에도 미래 시대에도 매우 유용한 가치와 방향을 담고 있는 것으로 평가받습니다.

만년에 닥친 시련,
그리고 열반

열반에 들기 전 두서너 해 사이, 붓다의 말년에 불운한 일들이 연속적으로 발생합니다. 교단에도 세상에도 큰 풍파가 몰아칩니다. 그 시작은 데바닷타였습니다. 데바닷타는 붓다의 사촌 동생입니다. 출가한 후에는 열한 번째 장로였을 정도로 수행력도 높아 그를 따르는 이가 적지 않았습니다.

붓다가 노년에 들어 육신이 쇠퇴하였을 때 데바닷타는 "교단의 차기 지도자를 낙점해야 하지 않겠습니까?" 하며 자신에게 그 역할을 달라고 합니다. 붓다는 중도의 팔정도 사유 방식으로 말합니다. "나 스스로 이 교단의 지도자라고 생각해본 적이 없다. 사리불이나 목건련처럼 덕 높은 제자들에게도 넘길 생각이 없다. 하물며 아직 수행이 덜된 그대에게 넘기겠는가?" 몇 차례 간청을 하였지만, 붓다는 그때마다 거절합니다.

그 후 데바닷타는 세 차례 붓다를 시해하려고 하지만, 모두 무위로 돌아갑니다. 그러자 그는 "초청받지 않음, 육식 금함, 걸식 생활만 함, 숲속에만 머묾, 버린 헝겊의 옷만 입음" 등 더 근본주의적인 규칙을 제안합니다. 이에 붓다는 본인이 그렇게 하는 것은 괜찮지만 대중 규칙으로는 바람직하지 않다고 하며 거절합니다. 그는 근본적이고 원칙적인 규율 적용을 거부한 붓다를 비난하며 동조자 5백여 명(주로 바이샬리 출신)을 규합하여 별도의 상가를 구성합니다. 하지만 상수 제자인 목건련과 사리불이 찾아가 5백 명 대부분을 설득하여 다시 데려옵니다.

비슷한 시기 밧지국 의회가 붓다를 비난하는 결의를 합니다. 이 결의는 밧지국 출신으로 붓다의 시자까지 했었던 수낙캇타라는 이가 주도합니다. 그는 "붓다에게는 고귀한 통찰이 없다. 그는 어떠한 신통력도 없다. 감언이설로 사람들을 기만하고 있다."고 음해하며 밧지국 의회가 붓다에게 공양 올리지 말 것을 권유하는 결정을 하게 합니다. 아난다가 이 소식을 붓다에게 전하자, 붓다는 담담하게 "수낙캇타의 말은 사실 나를 칭찬하는 것이다."라며 웃어넘깁니다. 신비 체험이나 신통력을 배격하였던 붓다에게 '신통력이 없는 평범한 사람'이라는 것은 비난이 될 수 없었던 것입니다.

마가다국의 빔비사라 왕이 아들에게 살해된 지 얼마 안 있어 코살라국에서도 정변이 일어납니다. 파세나디 왕이 변방으로 출장을 간 사이 아들 위두다바 왕자(한역은 비유리)가 왕위를 찬탈합니다. 위두다바의 어머니는 석가족의 노예 출신이었습니다. 왕자는 어릴 적 어머니의 고향을 방문했다가 노예의 자식이라는 비웃음과 놀림을 받고 큰 원한을 품었습니다.

정변으로 집권한 위두다바는 즉위 직후 자신에게 모욕을 주었던 석가족 정벌에 나섭니다. 위두다바가 군사를 이끌고 카필라를 향하는데 길가의 가지가 다 떨어진 고목나무 아래에 붓다가 홀로 중도의 팔정도 정신으로 고요히 앉아 있었습니다. 전쟁이 무언가요? 막거나 방해하는 이는 가차없이 제거하는 것이 전쟁입니다. 붓다가 혼자 군진 앞을 막아선 일은 목숨을 건 어마어마한 사건이었습니다. 군대 앞길을 막아선 붓다를 일반 백성들은 어떻게 생각했을까요? 정치와 종교가 분리되어야 한다며 붓다를 비난하는 여론이 적지 않았을 것입니다. 붓다의 제자들은 어땠을까요? 스승의 행위를 무조건 지지했을까요? 와글와글 찬반격론이 불교 공동체를 갈라놓았을 것입니다. 경전에는 추상적으로 묘사되어 있지만, 실제 어떤 상황이었을까 상상해보면 적막함으로 꽉 찬, 태풍의 눈 속 같은 풍경이었을 것입니다.

군대 앞을 홀로 막아선 붓다에게 나아가 왕은 정중히 인사하고 말하였습니다. "세존이시여, 저 옆의 무성한 나무그늘을 두고 왜 앙상한 고목나무 밑에 앉아 계십니까?" 그러자 붓다는 중도의 팔정도 사유 방식으로 조용히 왕을 올려다보며 말하였습니다. "대왕이시여, 울창하고 시원한 남의 숲 그늘보다, 비록 헐벗었더라도 친족의 그늘이 시원한 법입니다." 붓다의 뜻을 헤아린 왕이 세 번이나 군대를 철수했습니다. 그러나 불타오르는 원한심을 극복하지 못한 왕은 결국 네 번째 군대를 출동시켜 석가족을 멸망시키고 맙니다.《육도집경》

홀로 전쟁 한복판에 앉은 붓다. 그 행위를 중도의 팔정도로 설명해봅시다. 전쟁이라는 비극을 막기 위해 붓다는 일차적으로 그 현장에 직면했습니다(중도). 사느냐 죽느냐가 걸린 문제였습니다. 단단히 마음먹고(정정진) 정신 차려(정념) 차분하고 침착하게(정정) 현장의 상황을 잘 관찰하며(정견) 어떻게 행동할지를 숙고했습니다(정사유). 그리고 군대의 길목에 있는 고목나무 아래 고요히 앉았고(정업) 왕이 다가와 묻는 말에 "친족의 그늘이 서늘하다."(정어)고 답했습니다. 붓다는 전쟁 한복판에서조차 온 삶을 걸고 중도의 팔정도행으로 일관했습니다.

혈족의 운명이 풍전등화에 처했을 때 붓다는 목숨을 걸고 홀로 중도의 팔정도행으로 전쟁을 막아서며 평화적으로 해결하려고 했지만 결과는 역부족이었습니다. 석가족이 멸망하는 그 참상이 경전에 상세히 기록되어 있습니다. 이때 붓다께서 위두다바 왕이 과보를 받게 될 것이라고 하며 매우 슬퍼했다고 합니다. 어리석은 원한 때문에 벌어진 그 참혹한 광경을 보며, 붓다조차 통한의 눈물을 흘렸던 것입니다.

열반 당시의 장면은 경전에 매우 사실적으로 상세히 기록되어 있습니다. "아난아! 내 육신은 이미 늙어 마치 낡은 수레가 가죽 끈에 의지하여 겨우 움직이고 있는 것과 같이 방편의 힘으로 이

고통을 참고 있다." 붓다의 입멸을 염려한 아난이 "붓다께서 열반에 드시면 정법과 교단의 미래가 걱정됩니다."라고 말하자 붓다가 이렇게 답했을 정도로 사실 붓다의 열반은 얼마 전부터 예고된 일이었습니다.

열반을 예감한 붓다는 오랫동안 머물던 왕사성 영취산을 떠나 고국인 석가족이 살던 곳을 향해 떠납니다. 첫 번째 여행지는 나란다의 암발라티카 숲, 이곳에서 붓다는 상수 제자인 사리불을 만납니다. 붓다보다 여덟 살 많았던 이 노제자는 친구인 목건련을 이교도들의 폭력에 먼저 떠나보내고 붓다를 찾은 참이었습니다.

오랜만에 붓다를 만난 사리불이 감격에 겨워 말합니다. "세존이시여, 저는 당신처럼 위대한 참된 앎(깨달음)을 일상의 삶으로 완성시킨 이는 과거에도 없었고, 미래에도 없을 것이고, 현재에도 존재하지 않는다고 믿고 있습니다." 제자는 스승과 함께 보낸 세월을 회고하며 최고의 찬사를 보냅니다. 그런데 붓다의 답이 의외입니다. 고마움을 표시하는 정도의 덕담 대신 사리불에게 중도의 팔정도 사유 방식으로 되묻습니다.

"사리불이여, 과거 붓다가 어떤 참된 앎(깨달음)을 일상의
삶으로 완성시켰고 어떤 지혜가 있었는지 잘 알고 있는

가?"

"알지 못합니다."

"미래 붓다가 어떤 참된 앎(깨달음)을 일상의 삶으로 완성시킬 것인지, 어떤 지혜가 있을 것인지 잘 알고 있는가?"

"알지 못합니다."

"지금 붓다가 어떤 참된 앎(깨달음)을 일상의 삶으로 완성시켰는지, 어떤 지혜가 있는지 잘 알고 있는가?"

"알지 못합니다."

"그런데 그대는 왜 그런 사자후를 하는가?"

"붓다시여, 저는 지혜가 짧습니다. 다만 추론해서 말씀드렸던 것입니다."

_《대반열반경》

열반길을 걸으며 최후에 만난 상수 제자 사리불, 온갖 교단의 궂은일을 마다하지 않았던 노제자에게 붓다는 마지막까지 중도의 가르침을 베풀고 있습니다. 사리불은 절친한 도반 목건련의 피살 소식을 전한 후 자신도 곧 입적할 것이라고 아뢰고 이별을 고합니다. 붓다와 헤어진 후 2주 뒤에 사리불은 열반에 들었고, 그의 제자들이 화장을 한 후 수습한 유골(사리)을 붓다에게 전합니다. 붓다는 남은 사람들에게 유골을 잘 모시라고 부탁

한 후 열반길을 이어갑니다.

　붓다는 가는 길마다 곳곳에 흩어져 있던 제자들의 공동체에 들러 평소처럼 중도의 팔정도 사유 방식으로 가르침을 설합니다.《열반경》에는 암바팔리의 공양, 악성비구 찬나에 대한 유언, 춘다의 마지막 공양, 붓다의 마지막 제자 수바드라와의 일화 등 많은 에피소드들이 기록되어 있습니다. 북인도 파바성에 이르렀을 때 대장장이 춘다의 공양을 받은 후 붓다는 죽음을 맞이합니다. 원인은 심각한 식중독이었습니다. 붓다는 제자들을 춘다가 사는 마을로 보내 춘다의 공양 공덕이 깨달음을 이루었을 때의 공양과 마찬가지로 비할 바 없이 크다고 전하게 합니다. 음식을 잘못 대접하여 자신을 죽게 만든 이조차 배려하는 붓다의 자비심이 코끝을 찡하게 하는 아름다운 장면이 아닐 수 없습니다.

　붓다는 쿠시나가라에서 열반에 들기 직전 한 늙은 바라문을 마지막 제자로 거두었습니다. 아난의 반대를 물리치고 맞은 그 바라문이 장황하게 묻자 붓다는 "시간이 얼마 안 남았으니 요점을 설하겠다."고 하며 중도의 팔정도를 설하십니다. 붓다가 죽는 그 순간까지도 얼마나 치열하게 살았는지를 잘 보여주는 일화입니다.

붓다의 입멸이 다가오자 가장 슬퍼한 이는 아난이었습니다. 아난이 울자 붓다는 중도의 팔정도 사유 방식으로 아난의 어깨를 두드리며 위로합니다. "울지 마라. 아난다여, 그대에게 항상 말하지 않았더냐. 아무리 사랑하고 마음에 맞는 사람일지라도 이별은 피할 수 없는 것이라고. 생겨난 모든 것은 반드시 변하고 사라진다는 것을 알아야 한다. 그러니 내 죽음을 슬퍼 말고, 부디 정진하라." 붓다는 슬퍼하는 아난다에게 "아난다여, 자신을 의지처로 삼고, 진리를 의지처로 삼으라."고 하며 부지런히 정진하여 깨달음이 일상의 삶으로 완성되도록 하라고 격려합니다.

그러고는 함께 유행 중이던 제자들을 불러 모아 마지막 법을 설합니다. "수행자들이여, 이제 헤어질 시간이 얼마 남지 않았다. 만약 붓다와 법, 상가에 대해 묻고 싶은 것이 있으면 무엇이든 묻도록 하여라." 이렇게 세 번을 물어도 제자들이 답을 하지 않자 "자기 질문이 아니라 도반들이 궁금해하는 것도 좋으니 무엇이든 물으라."고 합니다. 그래도 제자들이 잠자코 있자, 붓다는 마지막으로 제자들에게 유언을 남깁니다.

"비구들이여, 내가 열반에 든 뒤에는 교법과 계율을 존중하되, 어둠 속에서 빛을 만난 듯이, 가난한 사람이 보물을 얻은 듯이 소중하게 여겨야 한다. 비구들이여, 모든 것은 쉴 사이 없이 변해가니 부디 마음속의 분별과 망상을 버리고 부지런히 정진하라. 부지런히 정진하면 어려운 일이 없을 것이다. 한결같은 마음으로 방일함을 원수와 도둑 멀리하듯이 하라. 나는 방일하지 않았기 때문에 스스로 참된 앎(깨달음)의 삶을 이루었다. 마치 낙숫물이 떨어져 돌에 구멍을 내는 것과 같이 끊임없이 정진하라. 비구들이여, 이것이 여래의 최후 설법이니라."

　　_《대반열반경》

붓다의 마지막 유언은 '끊임없이 정진하라'입니다. 대비원력의 발심과 서원으로 살라는 의미입니다. 우리가 삶을 향상시키려면 먼저 스스로 마음을 일으켜야 하고, 그 변화의 열망들을 꾸준히 실행하는 노력이 있어야 합니다. 법을 등불로 자신을 등불로 삼는 발심과 원력이 없는 삶은 다람쥐 쳇바퀴 돌듯 늘 제자리를 맴돌기 쉽습니다.

　'게으름 없이 정진하라'는 말씀은 열심히, 최선을 다해 살라는 뜻이지만 존재의 실상을 알고 모르고에 따라 큰 차이가 납니다. 자신의 참모습이 본래붓다라는 사실을 알고 정진하면, 우리는 어떤 제약과 조건에도 굴함 없이 제 삶을 당당하고 주체적으로 살게 됩니다. 반면 자신이 참모습에 대한 자각과 확신이 없으면 조금만 어려워져도 금세 회의와 갈등으로 전전긍긍하는 삶을 살게 됩니다. 우리는 전생업의 노예인 죄 많은 중생이 아니라, 행위하면 행위하는 대로 뜻한바 삶이 즉각즉각 창조되는 본래붓다입니다. 그러므로 본래붓다에 대한 확신으로 끊임없이 정진하라는 것이 붓다의 마지막 유언이었습니다.

설법을 마친 후 붓다는 아난다에게 말합니다. "피곤하다. 눕고 싶구나." 그러고는 평소처럼 오른쪽 옆구리를 땅에 대고 고요히 누워 열반에 듭니다. 입멸하기 직전까지도 붓다는 중도, 연기로 표현되는 실천의 진리와 존재의 진리를 전했습니다. 마지막까지도 혼신의 힘을 다해 법을 설하는 그 치열한 삶의 모습을 말과 글로 온전하게 표현하는 것이 참으로 어렵습니다. 그러므로 옛사람들이 붓다를 '그렇게 잘 오신 이(如來), 그렇게 잘 가신 이(善逝)'라고 하였던 것입니다.

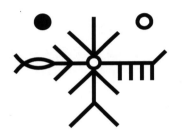

2장

붓다(중도)의

눈으로

본

불교의

핵심

키워드

계정혜

삼학을

삶 속에서

조화롭게

녹여내어

살아가는

것이

바로

붓다로

사는 일이며

불교

수행의

전부입니다.

불교 ;
불교와 다르마의 본질

예부터 붓다의 가르침이 갖는 특징을 '표월지지(標月之指)', '응병여약(應病如藥)'이라고 하였습니다. 붓다가 사람마다 처한 환경과 특성에 맞게, 손가락으로 달 가리키듯, 병에 따라 약을 쓰듯이 가르침을 설했다는 의미입니다. 법문의 내용과 분량이 많고 다양해질 수밖에 없었습니다.

워낙 다양하고 많은 가르침이 있는 까닭에 사람들은 때때로 경전의 숲에서 길을 잃거나, 아예 배울 엄두를 못 내기도 했습니다. 한편으로는 자신이 배운 교리만이 최고라고 고집하며 관념적이고 사변적인 논쟁에 빠지기도 하였습니다. 그 정도가 너무 지나쳐 대부분의 사람들이 혼란에 빠졌을 때 등장한 것이 '교상판석(教相判釋)'입니다. 교상판석은 흩어져 있는 여러 구슬을 하나의 실로 꿰듯이, 저마다 제각각처럼 보이는 교리를 앞뒤 순서에 따라 제자리에 나누어 배치한 일종의 교리 체계를 말합니다. 지금도 대부분의 불교 문화권에서는 저마다의 전통적인 교상판석에 따라 불교를 배웁니다.

이런 시도에도 불구하고 불교는 예나 지금이나 평범한 사람이 배우기에는 심오하고 어려운 종교로 인식되어왔습니다. 불교를 한다 하면, 대개는 어려운 교리 체계를 얼마나 아느냐로 가늠하곤 합니다. 그런데 과연 불교가 그토록 어렵고 비현실적인 것일까요? 그렇지 않습니다.

불교 공부, 불교 수행에서 첫째로 중요한 것은 자신이 걸어온 기존의 양극단의 길이 잘못된 길임을 잘 이해하고 알고 버리는 일입니다. 양극단의 길에서 벗어나려면 반드시 중도적으로 접근해야 바로 벗어날 수 있습니다. 다섯 비구와 삼가섭, 그리고 야사와 사리불(목건련)의 경우를 냉철하게 따져봅시다. 비중도(양극단)적인 사고에 깊이 빠져 있던 수행자인 다섯 비구와 삼가섭은 불교(중도·연기)의 진리에 눈뜨는 과정이 쉽지 않았습니다. 반면 기성 종교의 선입견과 고정관념에 젖지 않은 청년 야사, 기존의 자기 신념에 회의를 갖고 있는 사리불은 붓다의 법문을 통해 바로 불교(중도·연기)의 진리에 눈을 떴습니다. 초기 제자들의 경우를 볼 때 불교의 진리는 비중도(양극단)적으로 접근하면 삼 아승기겁을 수행해도 다람쥐 쳇바퀴 도는 꼴이 되고, 중도적으로 접근하면 마치 세수하다 코를 만지는 것처럼 매우 일상적이고 평범한 것임을 잘 말해줍니다.

중국 당나라 도림 선사와 백낙천의 일화를 한번 살펴보겠습니다. 선종의 제4조 도신의 문하인 도림 선사에게 어느 날 백낙천이 찾아와 무엇이 불교의 참뜻이냐고 묻습니다. 도림 스님은 평범하게 다음과 같은 《법구경》의 한 구절을 들려줍니다.

"제악막작(諸惡莫作) 중선봉행(衆善奉行) 자정기의(自淨其義)

시제불교(是諸佛敎)"

(모든 선하지 않은 짓을 하지 말고, 모든 선한 짓을 애써 실천하라. 그

어떤 조건도 없이, 이렇게 알고 실천하는 것이 모든 붓다의 공통된 가

르침이다.)

그러자 백낙천이 되묻습니다.

"그야 세 살 먹은 아이도 아는 것 아닙니까?"

도림 스님이 말합니다.

"세 살 먹은 아이도 지식으로는 알지만, 팔십 먹은 노인도

참되게 알고 실천하기는 어렵습니다."

_《전등록》

불교에서 말하는 진리의 특성은 일반적인 불교 지식을 쌓는다
고 제대로 알 수 있는 것이 아닙니다. 달을 가리키는 손가락인
붓다의 말씀을 반드시 중도, 실제의 오온(자신의 참모습)을 직접
탐구하여야 그 내용을 참되게 알고 살 수 있다는 뜻입니다. 불
교의 본질은 지식을 쌓는 것이 아니라 참되게 잘 알고(깨달음)
그 앎을 일상의 삶으로 완성하는 데 있습니다.

붓다의 수많은 가르침들은 관념적 당위론이 아니라 치열
한 삶의 현장에서 고통을 해결하기 위해 설해진 것들입니다. 지
금 이 시대를 사는 우리 또한 불교를 제대로 하려면, 지식을 많

이 쌓거나 그저 습관적으로 신앙 행위를 하는 것이 아니라, 늘 깨어 치열하게 안팎을 관찰하면서 자유롭고 평화롭게 제 스스로의 삶을 창조적으로 만들어갈 수 있는 실천의 측면에서 접근해야 합니다.

다시 말씀드리지만, 《아함경(니까야)》에 "나의 가르침은 지금 여기에서 바로 이해할 수 있고 실현되고 증명된다."고 하였습니다. 누구나 중도의 팔정도 사유 방식으로 마음먹고 실천하면 바로 경험된다는 이야기입니다. 붓다의 삶 또한 마찬가지 방식으로 이해해야 합니다. 2700년 전이라는 시대적 차이를 감안하는 것 외에 당대를 사는 우리들 누구나 이해하고 동의할 수 있는 방식으로 붓다의 삶을 다루어야 합니다. 그래서 평범한 사람도 금세 붓다의 삶을 따라 배울 수 있고, 그 삶을 따라 실천하기만 하면 즉시 결실을 맺을 수 있도록 설명되어야 합니다. 실제 역사 현장에서 펼쳐진 붓다의 삶과 연결된 불교야말로 우리를 여래의 진실한 뜻, 불교의 참뜻에 더 가까이 다가가게 해줄 것입니다.

지금은 과학의 시대, 상식의 시대입니다. 일반 대중의 지식이 크게 늘어난 오늘날은 있는 그대로 붓다의 삶을 드러내는 일이 매우 중요해졌습니다. 기독교가 예수의 삶을 뿌리로 삼아 수많은 이야기를 만들어내듯이 붓다의 삶 또한 과도한 신화적 포장을 걷어내고, 현대인들의 삶에 감명을 주고 자유와 평화로 이끌어주는 한 인간의 현실적인 삶으로 재구성되어야 합니다. 늘 곁에 두고 연구하며, 지금 내 친구 붓다가 여기 있다면 어떻게 했을까?라고 치열하게 물어야 합니다. 붓다의 삶을 바르게 이해하기 위한 노력이 우리를 불교의 바른길로 들어가게 해줄 것입니다. 특히 요즘처럼 스승이 부재한 시대, 삶을 따라 배울 만한 표상이 간절한 시대에 인간 붓다의 삶을 제대로 이해하는 것은 불교도들은 물론이거니와 세상의 모든 사람들에게도 큰 이로움을 줄 것입니다.

불교는 기본적으로 교리에 대한 복종이나 믿음을 강요하지 않습니다. 지금 여기에서 각자가 자신의 참모습인 본래붓다에 대해 잘 이해하고 확신하여, 스스로 자유롭고 평화로워지도록 돕고 있을 뿐입니다. 그래서 불교는 신앙의 종교라기보다는 참된 앎(깨달음)과 실천의 종교입니다. 지금 여기에서 제 삶의 주인이 되어 삶을 왜곡시키는 신의 굴레, 인간의 질곡으로부터 벗어나 기쁨과 평화의 삶으로 안내하는 나침반, 이것이 바로 불교의 본질, 다르마(法)의 본질입니다.

중도와 연기 ;
실천의 진리인 중도와
존재의 진리인 연기

중도는 실천론이지 존재론이 아니다

"우리도 붓다처럼 정진하자고 할 때, 어떻게 하는 것이 붓다처럼 정진하는 것입니까?"라고 물어보면, 보통 6년 고행이라고 말합니다. 뼈만 앙상하게 남은 고행상을 떠올리며, 붓다가 극한적 고행으로 참된 앎(깨달음)을 얻었으므로 우리도 그러한 고행을 따라 해야 참된 앎(깨달음)을 얻을 수 있다고 여기는 것입니다.

그러나 앞서 말한 바와 같이 붓다의 참된 앎(깨달음)은 고행으로 얻은 것이 아닙니다. 후일 자신보다 더한 고행을 한 이는 없었다고 회상할 정도로 붓다는 상상을 초월하는 고행을 했지만 해답을 찾을 수 없었습니다. 그러자 붓다는 고행수행을 미련 없이 버렸습니다.

붓다의 참된 앎(깨달음)은 신비한 선정 체험으로 얻은 것이 아닙니다. 붓다는 왕궁을 나선 직후 당대 최고로 알려진 선정의 대가들을 찾았습니다. 알라라 칼라마로부터 배워 정신 통일과 희열의 경지인 '무소유처정(無所有處定)'을 얻었고, 웃다카 라마풋다로부터 배워 최고의 높고 깊은 선정의 경지인 '비상비비상처정(非想非非想處定)'에 다다랐습니다.

스승들과 같은 경지의 선정에 도달하여 심오하고 신비한 체험 그리고 평온과 희열을 얻었지만 자신이 품었던 삶의 근원적 물음에 대한 답을 찾지 못했습니다. 그러자 붓다는 과감히 선정수행을 버리고, 주로 출가사문들이 행하던 고행수행에 들어

갔습니다. 하지만 결과는 역시 마찬가지였습니다. 당대 종교인들이 금과옥조로 여기던 선정과 고행 모두 최고의 경지까지 가 보았지만 답을 찾을 수 없었으니 그 좌절감이 어떠했을까요? 아마 앞이 막막하고 캄캄했을 것입니다.

그러나 붓다는 포기하지 않았습니다. 수자타가 공양 올린 유미죽을 먹고 힘을 차렸습니다. 안락선정수행과 해탈고행수행, 두 극단의 길을 버린 붓다는 첫 마음, 그 어떤 선입견도 전제도 없는 백지 상태로 보리수 아래에 앉았습니다. 그리고 그 어떤 전제도, 그 어떤 구함도 없이 지금 고통스러워하고 있는 자신의 참모습 (존재의 실상, 고통의 실상)을 있는 그대로 이해하고 알고자 중도의 사유 방식으로 거듭거듭 관찰·사유하였습니다. 그 과정에서 자신의 참모습을 있는 그대로 보고 아는 눈과 앎이 생겨났습니다. 《아함경(니까야)》에는 그 장면이 이렇게 기록되어 있습니다.

"비구들이여, 여래는 (고락) 두 가지 극단을 버리고 있는 그대로의 길, 중도를 깨달았다. 이 길은 눈이 되고 지(智)가 되어 적정(寂靜), 증지(證智), 정각(正覺), 열반으로 이끈다."

붓다가 첫 번째 참되게 알아낸 것(깨달음)은 선정수행-고행수행이라는 양극단의 길을 버리고, 있는 그대로의 현장 길인 중도의 팔정도(69쪽 참고)입니다. 중도를 쉬운 우리말로 옮기면 '있는 그 대로의 길'입니다. 여실지견(如實知見)할 때의 여실(如實)이 바로 중도를 의미합니다.

흔히 중도라고 하면 '고락중도(苦樂中道)'를 말하고, 이때 '고'는 고행으로, '락'은 쾌락으로 해석됩니다. 일반적으로 '락'을 싯다르타가 왕자 시절 누렸던 향락으로 해석하지만, 붓다의 삶을 살펴보았을 때 너무 좁은 해석이 아닌가 합니다. 왕자로서의 쾌락은 이미 출가를 통해 벗어던졌기 때문에 오히려 '락'을 출가 직후에 경험했던 정신적 기쁨과 안락을 추구하는 선정수행으로 해석하는 편이 더 적절해 보입니다.

중도의 팔정도(정진-단단히 마음먹고, 정념-정신 바짝 차리고, 정정-차분하고 침착하게, 정견-잘 관찰하고, 정사유-잘 사유하여 도출된 것을, 정어-말로 할 것은 말로, 정업-행으로 할 것은 행으로, 정명-삶으로 살 것은 삶으로 사는 것)를 요즘의 사고방식으로 풀면 '현장에 길이 있다.'라는 의미입니다. 잃어버린 물건을 찾으려면 잃어버린 그 현장에서 찾아야 하듯이 언제 어디 어떤 문제든지 현장에 직면하여 있는 그대로 보고, 알고, 이해해야 한다는 뜻입니다.

그렇게 쉬운 뜻인가라고 반문할 수 있지만, 사실 현장에 직면하여 있는 그대로 보고 이해하는 방식으로 문제를 다루는 것이 결코 쉽지만은 않습니다. 중도적으로 다루면 세수하다 코 만지는 격으로 쉽고 상식적이지만, 극단적으로 하면 다람쥐 쳇바퀴 도는 꼴이 될 수 있습니다. 잘 알고 있듯이 우리는 대부분 차창 밖의 풍경을 보듯이 자기 색안경으로 보는 습관에 젖어 있습니다. 매사를 자신의 주관적 잣대로 봅니다. 풍경으로 표현된 그 현장에 직면하여 사실을 있는 그대로 보는 것이 아니라 자기만의 필터로 투과해서 보는 것이지요. 중도로 보았다 함은 어떤 전제도 없이 자신의 생각이나 고정관념, 선입견에 사로잡히지 않고, 현장에 직면하여 사실을 있는 그대로 바로 보고 이해하고 알게 되었음을 뜻합니다.

양극단을 버린 중도가 실제 수행이나 삶에서 어떤 의미를 갖는지 잘 보여주는 일화가 바로 유명한 독화살의 비유입니다. 어느 날 말룽끼야뿟따는 제자가 다가와 붓다에게 묻습니다.

"세존이시여, '우주는 영원한가, 영원하지 않은가? 한계가 있는가, 없는가? 영혼은 육체와 같은가, 다른가? 깨달은 사람은 죽은 뒤에 존재하는가, 존재하지 않는가?'라는 물음에 대해서는 말하지 않는다고 들었습니다. 저는 듣고 싶습니다. 이에 대한 대답을 들을 수 있으면 머물러 함께 수행하며 거룩한 삶을 살 것이고, 그렇지 않으면 떠나겠습니다."

이에 대해 붓다는 수행에 조건을 거는 말룽끼야뿟따의 태도를 꾸짖은 후 이렇게 일러줍니다.

"말룽끼야뿟따여, 지금 여기 어떤 사람이 독 묻은 화살을 맞았다고 합시다. 그의 친구가 와서 그를 의사에게 데리고 갔습니다. 그런데 그 사람이 '나를 쏜 사람이 누구인가? 그가 귀족인지 평민인지 노예인지, 그의 이름과 성은 무엇인지, 그의 키가 큰지 작은지, 그의 얼굴이 검은지 하얀지, 그가 어디에서 왔는지, 보통의 화살인지 돌화살인지 알아야 화살을 뽑을 것이다.'라고 한다면 그 사람은 그 문제를 알기도 전에 죽을 것입니다. 말룽끼야뿟따여, 만약 어떤 사람이 그와 같은 문제에 해답을 얻고서야 비로소 수행하며 거룩한 삶을 살 것이라고 한다면, 그는 내 대답을 듣지 못한 채 죽어갈 것입니다."

_《맛지마 니까야》〈말룽끼야뿟따경〉

제자의 질문은 지금 직접 마주하고 있는 자신의 실제 상황인 고통의 문제와 아무 관계도 없습니다. 당면한 문제를 해결하는 데 아무런 쓸모가 없는 것입니다. 또한 현실적으로 증명할 수 없는 것이고, 어떤 대답을 해도 문제는 풀리지 않고 논쟁만 계속될 뿐, 지금 여기 해탈열반의 삶을 이루는 데 아무런 도움이 되지 않습니다. 현실적으로 경험될 수 있는, 있는 그대로의 길, 중도의 길이 아니기 때문입니다.

붓다는 독화살을 맞은 사람은 신속하게 의사의 도움을 받아야 하듯이 지금 마주하고 있는 삶의 고통을 있는 그대로 보고 바로 해결되도록 노력하는 것이 중도의 길이라고 말합니다. 양극단, 즉 관념으로 세상을 재단하는 것이 아니라, 지금 여기 실제 생명들의 안락과 행복을 실현하는 것이 더 중요하다고 말씀하신 겁니다.

양극단을 버리고 중도의 팔정도 정신으로 보리수 아래에 앉은 붓다가 지금 여기 직면하고 있는 자신의 참모습(오온)을 있는 그대로 관찰·사유해갈 때, 자신의 참모습(12연기, 사성제)을 있는 그대로 보지 못하게 하는 무수한 전제들, 즉 선입견과 고정관념, 편견과 두려움 등의 어두움이 걷히며 두 번째 깨달음인 연기의 앎이 생겨났습니다. 자신의 참모습이 그물의 그물코처럼 연기의 진리로 이루어진 한 몸 한 마음 한 생명, 또 다른 표현으로는 유아독존, 본래붓다라는 환한 앎이 생겨났습니다. 이 세상 유형무형의 모든 존재(오온)는 그 어떤 것도 분리독립, 고정불변한 것이 없습니다. 굳이 필요에 따라 언어로 표현한다면 고정불변한 것이 없음을 뜻하는 무상, 분리독립된 것이 없음을 뜻하는 무아가 있는 그대로의 참모습이라는 것이었습니다.

그는 깨달았습니다. "아, 남녀노소 빈부귀천을 막론하고 자신의 참모습이 매우 주체적이고 창조적이고 존귀한 존재(오온)인데 사람들이 이 사실을 모르고 무지와 착각의 관념으로 만들어낸 관습과 제도, 그리고 기성 종교의 틀에 지배받고 있었구나. 애초부터 주체적이고 창조적인 본래붓다이니 순간순간 기꺼이 주체적이고 창조적으로 살면 될 것을, 스스로 결함투성이인 업보중생이라고 자학하면서 끝없이 허망한 환상을 쫓고 있었구나." 붓다는 어떤 전제도 없이 활짝 열린 현장의 길인 중도의 팔정도 눈으로 직면한 자신의 참모습을 집중·관찰·사유하는 과정을 통해 12연기의 진리(자신의 참모습)를 참되게 보고 알게 되었습니다. 영원불멸의 아트만을 전제로 한 상주론(常住論. 영원론)과 죽으면 끝이라고 전제한 단멸론(斷滅論, 허무론)의 양극단을 벗어나 있는 그대로를 치열하게 관찰·사유한 끝에 이루어진 위대한 앎(깨달음)이었습니다.

붓다의 참된 앎(깨달음)은 한마디로 위대한 상식의 발견입니다. 인간은 본래 중생이므로 업보대로 태어나 신분의 굴레가 씌워진 대로 살아야 하는 노예가 아닙니다. 자신이 마음먹고 행위하는 대로 즉각즉각 뜻한 삶이 이루어지는 매우 주체적이고 창조적인 위대한 존재(오온)입니다. 사람이 본래 업보중생이라는 기존의 굴레를 벗어던지고 연기의 진리로 이루어진 본래붓다임을 있는 그대로 알게 된 것입니다. 후일 선가(禪家)에서는 붓다가 참되게 안 내용을 '본래면목' 즉 자신의 참모습이라고 정의하였습니다.

붓다는 종종 실천의 진리인 중도와 존재(오온)의 진리인 연기법은 세상 이치 자체이며, 자신은 본래 있는 것을 발견했을 뿐이라고 말했습니다. 《아함경》에는 "여래가 세상에 출현하든 출현하지 않든 이 진리는 법으로 정해져 있다."고 하였고, "또한 법의 참모습을 보는 자는 곧 나의 참모습을 보고, 나의 참모습을 보는 자는 곧 법의 참모습을 본다."고 하였습니다. 남방, 북방불교를 막론하고 붓다가 깨달은 핵심이 중도, 연기법이라는 사실에 대해서는 그 어떤 이론도 없습니다.

조선 초기에 간행된 《언해불전》에는 깨달음을 '아롬', 무명을 '모롬'이라고 풀이하고 있습니다. 참된 앎(깨달음)은 평범한 일상의 거룩함을 발견한 위대한 상식일 뿐, 신비한 선정 체험이나 극한의 고행 체험으로 얻어지는 미지의 세계가 아닙니다. 너무나 신비하여 보통 사람들이 도저히 이해할 수 없는 난해한 무엇이 아닙니다. 붓다가 그리하였듯이 누구든지 있는 그대로의 길인 중도의 눈으로 지금 마주하고 있는 자신의 참모습이 연기의 진리로 이뤄져 있음을 있는 그대로 바로 보고 바로 아는 것이 참된 앎(깨달음)입니다.

붓다의 위대함은 자신의 참모습에 대한 참된 앎(깨달음)을 일상의 삶으로 완성시킨 데 있습니다. 그 참된 앎(깨달음)을 한순간도 쉼 없이 치열하게 사유하고 실천함으로써 당신의 참된 앎(깨달음)을 일상의 삶으로 구체화시킨 데 붓다의 진정한 위대함이 있는 것입니다.

《아함경(니까야)》에는 붓다 당시에 붓다로부터 진리의 가르침을 듣고 배워 어렵지 않게 성자 아라한이 된 경우가 매우 빈번하게 등장합니다. 팔리어 경전에 나오는 아라한의 숫자는 천재인 사리불과 바보 천치인 주리반특가, 출가한 스님과 평범한 재가 불자를 망라하여 최소 1만 명이 넘습니다. 어떻게 그 짧은 시간에 보통의 많은 사람들이 성자로 거듭날 수 있었을까요? 그것은 붓다가 설한 진리가 오늘날 우리가 막연하게 생각하듯이 보통 사람들은 도저히 이해할 수 없는 특별하고 신비한 무엇이 아니었음을 말해줍니다. 아라한이 된 붓다와 제자들이 참된 앎(깨달음)을 일상의 삶으로 완성시키기 위해 끊임없이 정진했다고 하는 숱한 경전의 언급들을 같은 맥락으로 보아야 제대로 설명될 수 있습니다. 위대한 상식인 참된 앎(깨달음)은 일상에서 실제의 삶으로 살아낼 때 비로소 완성됩니다. 혼신을 다해 살아가신 붓다의 삶이 이 사실을 잘 웅변하고 있습니다.

붓다 ;
위대한 상식의 발견자

누군가가 위대한 상식의 발견자 "붓다는 어떤 존재인가?" 하고
묻자, 한 선사는 이렇게 답했습니다.

"頂天脚地(정천각지) 眼橫鼻直(안횡비직)
飯來開口(반래개구) 睡來合眼(수래합안)"

"머리는 하늘을 향해 있고, 두 발은 땅을 딛고 있다. 두 눈은 가
로로 놓여 있고, 코는 세로로 곧게 세워져 있다. 밥이 오면 입을
벌리고, 잠이 오면 눈을 감는다." 실상사 극락전의 건물 기둥에
걸린 주련의 한 구절입니다. 생김새도 먹고 사는 것도 지극히
평범합니다. 눈을 씻고 봐도 우리와 다른 것이 전혀 없습니다.
그 어떤 특별함도 신비함도 있지 않습니다. 거룩한 붓다의 모습
과 삶이 우리네 보통 사람들의 모습과 하나도 다를 바 없습니
다. 굳이 덧붙인다면 평범한 있는 그대로의 참모습 자체가 신비
로움이요, 특별함이라고 하겠습니다.

　　그런데 왜 거룩하다, 신비하다, 불가사의하다고 했을까요?
사실은 생명의 참모습을 잘 알지 못해서 그렇지, 제대로 알고
보면 붓다만 그런 것이 아니라 우리 모두 살아 있음 그 자체가
그대로 신비요 불가사의입니다. 한번 확인해봅시다. 어떤 존재
이든 숨 쉬면 살고 숨 못 쉬면 죽습니다. 밥 먹으면 살고 굶으면

죽습니다. 관념적으로는 어딘가에 특별한 신비가 따로 있을 것 같지만 사실은 숨 쉬고 밥 먹는 일, 지금 여기 살아 있음보다 더한 신비가 없습니다. 끊임없이 전개되고 있는 평범한 우리들의 일상적 삶 그대로 온 우주가 빚어낸 기적이고 불가사의입니다. 붓다의 위대함은 지금 마주하고 있는, 있는 그대로의 평범한 일상의 삶이 그대로 신비요 불가사의요 기적이므로, 그 밖의 다른 무엇을 구하는 마음 없이 그 참된 앎을 순간순간 실제의 삶으로 온전히 살고 나누기 위해 혼신의 노력을 다한 데 있는 것입니다. 붓다의 탄생게가 그 뜻을 더 명료하게 잘 드러내 주고 있습니다.

천상천하 유아독존(天上天下 唯我獨尊)
삼계개고 아당안지(三界皆苦 我當安之)

"하늘 위 하늘 아래 나 우뚝 존귀하다. 온 세상의 고통을 내 마땅히 편안케 하리." 이 열여섯 글자에 붓다가 밝힌 불교의 참뜻이 온전히 함축되어 있습니다. 앞의 '천상천하 유아독존'은 '나는 누구인가?'라는 물음에 대해 붓다가 찾아낸 답변입니다. 특별히 자신만 존귀한 존재라는 오만한 표현이 아닙니다. 그 누구도 예외 없이 우리 각자는 그 자체로 이미 완성된 존재(오온)이기에 어떤 환경에서도 제 삶의 주인으로 당당하게 살아가야 한다는 인간 해방의 의미가 담겼습니다. 뒤의 '삼계개고 아당안지'는 '어떻게 살 것인가'에 대한 붓다의 답변입니다. 진리의 길을 가는 사람이 지향해야 할 삶의 목표는 고통받는 모든 존재(오온)를 안락과 행복으로 이끄는 참 진리, 자비(사랑)의 삶이어야 함을 말합니다. 그렇게 할 때 너와 내가 함께 평화롭고 행복해진다는 의미입니다. 탄생게는 붓다의 육성이 아닙니다. 그를 떠나보낸 후 제자들이 많은 고민과 토론 끝에 붓다의 삶과 가르침을 압축하고 또 압축해낸 키워드입니다. 너무도 쉽고 익숙한 표현이라 "설마⋯." 하고 생각할지 모르지만, 참된 앎(깨달음)을 일상의 삶(실천)으로 완성시켜낸 붓다의 일생을 이보다 더 명료하게 표현하기 쉽지 않습니다.

인도 사회에서 불교의 등장은 사회 전체를 충격에 빠뜨릴 만큼 파격적인 사건이었습니다. 붓다 당시 인도 사회는 신이 지배하던 시대입니다. 인간은 신의 피조물에 불과한 무력한 존재였고, 전생의 업보에 따라 신분을 물려받고, 현실의 처참한 고통도 그저 감내하며 노예로 살아야 하는 허무하고 한심한 존재였습니다. 붓다는 인간의 삶을 왜곡시키고 모순된 현실을 유지시키는 멍에가 바로 편견과 고정관념, 존재(오온)에 대한 무지에서 비롯됨을 꿰뚫어 알았습니다. 우리 머릿속에 있는 무수한 전제들이 수천 년 간 인간의 존엄과 자유를 왜곡하고 억압해온 어둠의 장막이었습니다. 붓다는 생각했습니다. "우리 모두 스스로 완성된 거룩한 존재(오온)인 줄 모르고, 기성의 관념과 제도에 속박당한 채 지배받고 있었구나. 본래붓다이니 순간순간 당당하게 기꺼이 주인인 붓다로 살면 될 것을, 스스로 열등하다고 자학하면서 끊임없이 엉뚱한 곳을 향하여 쫓아다녔구나."

일찍이 여래의 진실한 뜻이 살아 있는 참불교를 이 땅에 실현하고 전하신 스승들께서는 붓다의 위대한 발견, 위대한 참된 앎(깨달음)을 '본래붓다', '본래면목'이라고 정의하였습니다.《화엄경》〈여래출현품〉에 붓다의 참된 앎(깨달음)이 상세히 기술되어 있습니다. 뜻으로 간추려 일부를 옮겨봅니다.

"신기하고 신기하여라. 많고 많은 생명들마다 모두 여래의 지혜덕상을 온전히 갖추고 있건만 스스로 어리석고 미혹하여 그 사실을 알지도 보지도 못하는구나. 내가 마땅히 성스러운 진리로 그들을 가르쳐 그들로 하여금 죄 많은 못난 중생이라는 잘못된 지식과 낡은 믿음을 영원히 버리게 하리. 스스로 자신이 본래 거룩한 붓다와 조금도 다르지 않다는 사실을 알게 하리. … (중략) … 그리하여 그들로 하여금 지금 당장 평화롭고 자유롭게 하리."

탄생게로 압축된 붓다의 삶은 '전도선언'에 더욱 명료하게 드러나 있습니다. 붓다는 다섯 비구에 이어 쾌락에 젖어 녹야원에서 방황하던 대부호의 아들 청년 야사와 그 친구들을 출가의 세계로 이끕니다. 그리하여 마침내 아라한 비구들이 60명이 되었을 때, 붓다는 중도의 팔정도 사유 방식으로 다음과 같이 선언하였습니다. 불교를 이해하는 데 너무도 중요한 대목이기에 다시 한번 옮겨봅니다.

"비구들이여, 나는 신과 인간의 모든 속박에서 벗어났다. 그대들도 신과 인간의 모든 속박에서 벗어났다. 비구들이여! 길을 떠나라. 여러 사람들의 이익과 안락을 위하여, 세상에 대한 깊은 연민심으로 길을 떠나라. 두 사람이 한길로 가지 마라. 비구들이여, 처음도 좋고 중간도 좋고 끝도 좋은, 의미와 문장을 갖춘 법을 설하라. 아주 원만하고 청정한 행을 드러내 보여라. 세상에는 마음에 먼지와 때가 적은 자도 있다. 그들이 법을 듣지 못하면 퇴보하겠지만, 법을 들으면 바로 알게 되리라. 비구들이여! 나도 전법을 위해 우루벨라의 세나니 마을로 가리라."

_《초전법륜경》

붓다와 비구들이 "신과 인간의 모든 속박에서 벗어났다."
는 것은 브라만과 아트만이라는 기성의 고정관념과 편견의 굴
레에서 완전히 벗어나 주체적이고 창조적으로 자유롭고 평화
로운 본래붓다의 삶을 온전하게 실현하고 있음을 의미합니다.
붓다의 탄생게인 '천상천하 유아독존'과 맥락을 같이 하고 있습
니다. "여러 사람들의 이익과 안락을 위하여 길을 떠나라."는 내
용 역시 온 세상의 고통을 편안케 하겠다는 '삼계개고 아당안
지'와 같은 맥락입니다. 전도선언 역시 탄생게와 마찬가지로 참
된 앎(깨달음)을 일상의 삶으로 완성해낸 붓다의 삶을 명징하게
잘 드러내 주고 있습니다.

　　고대로부터 동서양을 막론하고 사람들을 옭아맸던 것은
현실에서 검증 불가능한 신 또는 전생의 죄업 따위를 앞세우는,
인간들 스스로가 친 굴레였습니다. 붓다는 인간의 참모습을 억
압 왜곡시키는 기성의 세계관을 단호히 배격하며 말했습니다.
"빈부귀천, 성스러움과 속스러움은 신의 뜻 또는 전생의 업이
아니라 지금 바로 본인이 참되게 알고 실천하는 행위에 달려 있
다. 해탈열반은 지금 고통의 원인으로부터 벗어남을 통해 완성
되는 것이지 별천지의 다른 세계로 옮겨가는 것이 아니다. 그러
므로 당신들이 생각하는 신, 전생 죄, 숙명이란 것은 관념이자
허상일 뿐이다." 신의 굴레, 그리고 인간의 굴레로부터 벗어났

다는 것은 바로 신이니, 전생 업보니 하는 환상과 허상을 붓다가 송두리째 깨뜨렸다는 의미입니다.

신과 인간의 굴레로부터 벗어난 붓다와 아라한 비구들은 거리낌 없이 법을 전하는 여행길에 나섰습니다. 복잡한 자격이나 조건은 필요 없었습니다. 제 스스로 기성의 관념인 신과 업보의 굴레로부터 벗어나 주체적이고 창조적으로 자유롭고 평화롭게 일상의 삶을 가꾸면 그것으로 충분했습니다. 그들은 저 자거리에서 대중을 만날 때마다 말했습니다. "빈부귀천, 성스러움과 속스러움은 신의 뜻이거나 전생의 업이 아니라 지금 여기에서 당신이 생각하고 말하고 행위하는 것에 달려 있습니다."

여래십호(如來十號)라 하여, 예로부터 붓다를 부르는 열 가지 이름이 있습니다. 붓다가 45년 간 보여준 길 위의 삶을 특징별로 묘사한 내용입니다. 붓다는 진리로부터 오신 분이고, 마땅히 공양 받으실 만한 분이며, 삶의 이치를 두루 잘 아는 분이고, 아는 대로 실천하는 분입니다. 진리대로 잘 사시는 분이고, 세상을 사실대로 잘 이해하는 분이며, 위없이 높은 스승이십니다. 또 자신과 상대를 잘 다스리는 탁월하신 분이며, 신과 사람의 스승이시고, 세상에서 가장 존귀하신 분입니다. 붓다를 부르는 열 가지 호칭을 보면, 붓다가 매우 전인적 인간이었음이 잘 나타나 있습니다. 위대한 상식의 발견자인 붓다의 삶이 어떠했는지 그 윤곽이 잘 드러납니다. 붓다는 평생 자신이 발견한 중도의 팔정도를 세 가지로 범주화한 계정혜 삼학을 조화롭게 실천하였습니다. 삼학을 삶 속에서 조화롭게 녹여내어 살아가는 것이 바로 붓다로 사는 일이며 불교 수행의 전부라는 의미입니다.

붓다로 인해 신화의 시대를 지탱하던 무지와 착각의 금기가 무너졌습니다. 세계관의 일대 전환이 시작됨으로써 인류 사상사가 크게 바뀌는 순간이었습니다. 2700년이 지난 오늘 우리는 스스로에게 물어야 합니다. 오늘 우리는 붓다의 삶과 진리가 가졌던 보편성과 혁명성을 잘 이어가고 있는지, 혹시 붓다의 삶과 깨달음을 곡해하여 신비화함으로써 불교 안에 또 다른 신화와 속박의 굴레를 만들고 그 안에 스스로 갇혀 있지는 않은지요?

동체대비 ;
한 몸 한 생명이라는 자각

'인간의 참모습이 본래붓다'라는 사실을 잘 이해하고 아는 것이 대체 무슨 의미가 있고 왜 중요할까요? 예를 들어봅시다. 여기 똑같이 복을 짓는 두 사람이 있습니다. 어떤 이는 자신이 미완성의 죄 많은 업보중생이므로 부족함을 채워 완전해지고자, 지옥 아닌 극락에 가기 위한 조건으로 더 거룩한 무엇을 구하고 이루려는 마음으로 복을 짓습니다. 반면 어떤 이는 완성된 본래붓다이므로 지금 당장 진리를 실천하는 붓다행으로 아무 조건 없이 또는 구하는 마음 없이 복을 짓습니다. 겉으로만 보면 별반 차이가 없어 보이지만, 내용을 곰곰 따져보면 둘 사이엔 하늘과 땅만큼의 큰 차이가 있습니다.

지금 여기 자신의 참모습이 본래붓다임을 모르고, 스스로 죄 많은 업보중생이라는 무지와 착각, 낡은 믿음에 사로잡혀 더 신비하고 완전한, 또는 더 특별하고 거룩한 붓다의 경지를 구하는 마음으로 복을 짓는다면 그 복은 소유욕에 지배받는 유루복(有漏福)입니다. 밑 빠진 독에 물 붓는 것처럼 짓고 또 지어도 끝내 더 좋은, 더 많이를 찾아 헐떡이는 소유욕의 노예, 소를 타고 소를 찾는 중생살이를 벗어날 수 없는 허망한 복이 되고 맙니다. 갈등과 대립, 불안과 공포의 삶을 되풀이하는 어리석은 유루복일 뿐입니다.

이에 비해 자신의 참모습이 완성된 본래붓다라는 자각과

확신(소를 타고 있음을 아는 삶)을 갖고, 진리의 존재(오온)인 붓다행으로 그 어떤 조건도 없이 그 무엇도 구함이 없는 마음으로 기꺼이 짓는 복은 소유욕의 감옥에서 벗어난, 소를 타고 마음껏 소를 부리는 무루복(無漏福)입니다. 퍼 쓰고 또 퍼 써도 끝이 없는 바닷물처럼 그 복이 영원하고 무한합니다. 완성을 뜻하는 진리의 복, 깨달음의 복이므로 '됐어, 괜찮아, 충분해.' 하고 삶을 한없이 자유롭고 평화롭게 합니다. 해탈·열반으로 표현되는 붓다의 삶 자체가 진리의 복, 지혜의 복, 곧 무루복이었습니다.

똑같은 모양을 하고 똑같은 행위를 하는데, 어떤 경우에는 중생의 삶이 되고 어떤 경우에는 붓다의 삶이 되는 까닭이 어디에 있는 것일까요? 오랜 습관에 젖은 채 사람이 죄 많은 업보중생이라는 믿음으로 접근하면 자기도 모르게 지금 여기 자신 말고 어딘가에 더 특별하고 신비한 무엇이 있다는 마음으로 그것을 구하고 찾게 됩니다. 바로 소유욕의 또 다른 표현인 구하는 마음에 지배받는 중생살이입니다. 반면 있는 그대로의 길인 중도의 사유 방식에 따라 사람이 본래붓다라는 이해와 확신으로 접근하면, 지금 여기 자신의 참모습이 최고의 신비요 불가사의이므로 특별히 심오하고 신비한 그 무엇을 구하는 마음 없이 현재의 삶을 온전히 사는 데 집중하게 됩니다. 그 즉시 '됐어, 괜찮아, 충분해.' 하고 스스로 만족하는 붓다의 삶을 살게 됩니다. 우리 스스로를 제약하고 옭아매는 오래된 무지의 습관, 편견, 선입견의 굴레에서 벗어나 스스로 완성된 본래붓다라는 자각의 확신으로 하는 실천인가 아닌가에 따라 삶의 길이 천지차로 갈립니다. 자신의 참모습이 완성자 본래붓다임을 확신하고, 그 뜻에 따라 어떤 조건에서도 구하는 마음 없이 기꺼이 자비롭게 생각하고 말하고 실행하면, 그 삶 자체가 진리에 부합하는 참된 앎(깨달음)을 실천하는 완전한 동체대비의 삶, 완성된 붓다의 삶이 되는 것입니다.

아인슈타인은 더 좋은 것을 얻겠다는 조건부의 마음으로 선행을 하는 이가 범부이고, 아무 조건(구하는 마음) 없이 선행 그 자체를 목적으로 하는 이가 성인이라고 하였습니다. 간디는 진정으로 진리를 온전히 실천하는 한 사람이 존재한다면, 그는 태양처럼 빛날 것이고, 온 우주가 그의 삶에 화답한다고 하였습니다. 20세기를 대표하는 인류의 지성들도 대부분 공통적으로 생명의 완전성에 대한 자각의 여부에 따라 삶의 과정에서부터 결과까지 비교할 수 없이 큰 차이가 난다는 것을 확신에 찬 어조로 말하고 있습니다. 모두 본래붓다의 뜻과 맞닿아 있는 말입니다.

'사람이 본래붓다'라는 것과 정반대의 인식은 "저 사람은 변화의 가능성이 없다."고 낙인찍고 옭아매는 것입니다. 이야말로 참으로 어리석고 무자비한 일이 아닐 수 없습니다. 2700년 전 붓다가 태어난 인도가 그러하였습니다. 계급과 신분의 차이, 약자에 대한 가혹한 통치의 저변에 "인간은 죄 많은 업보중생이라 어쩔 수 없다."는 '왜곡된 인간관'이 깊게 깔려 있습니다. 붓다는 그 무지의 어두움을 용감하게 떨쳐내었습니다. 지금 비록 신의 이름, 업보의 이름으로 덧씌운 편견과 관습 때문에 차별과 억압의 고통을 받고 있지만, 사실은 있는 그대로 '당신의 참모습이 자신의 삶을 당당하게 창조할 수 있는 본래붓다'라고 선언하였습니다. 오늘날도 역시 당시 인도와 크게 달라지지 않았습니다. 얼마나 위대하고 거룩하고 절절한 한마디인지 현대인들이 깊이 새기고 새겨야 할 대목입니다.

누구도 차별 없이 진리의 세계로 향하도록 이끄신 붓다의 삶을 한마디로 요약하면 '동체대비(同體大悲)'의 삶입니다. 동체, 즉 우리 모두는 인드라망(인도의 베다 신화에 나오는 비와 천둥의 신 인드라의 그물. 불교에서는 끊임없이 서로 연결되어 전개되는 연기적 존재를 의미함), 그물의 그물코처럼 깊이 연결되어 있는 한 몸 한 생명입니다. 그러므로 대비, 즉 큰 연민과 자비의 마음으로 사람과 세상을 대하는 것은 생명의 이치에 순응하는 매우 자연스러운 몸짓이라고 할 수 있습니다. 한 몸 한 생명이라는 자각은 자연스레 만물에 대한 깊은 관심과 애정, 실천으로 이어지고, 그

럴수록 우리가 서로 깊이 연결되어 있다는 자각이 심화됩니다. 진리가 이러함을 깊이 이해하면 조건 없는 연민과 자비의 실천으로 나아가게 됩니다. 이와 같이 동체와 대비는 손바닥의 앞뒤처럼 긴밀하게 연결되어 있어 서로 뗄 수 없는 관계입니다. 본래붓다라는 자각이 있을 때 동체대비의 삶 또한 제대로 완성됩니다.

그렇다면 오늘 우리가 걸어야 할 동체대비의 길은 어떤 것일까요? 오늘날 현대인들의 고통 대개는 삶의 의미를 자신의 참모습에서 찾지 못하고 밖을 향해 정신이 팔려 사는 데서 발생하는 것들이 많습니다. 근대 자본주의 성립 이전까지는 철저한 신분제 사회였기 때문에 양반으로 태어나면 양반으로 살다 죽었고, 노비는 죽을 때까지 노비였습니다. 태어날 때부터 삶의 방향과 범위가 이미 정해져 있었기 때문에, 주체적으로 삶의 의미를 찾는 일은 일부 지식층에만 허용되었고, 대부분의 사람들에게는 금기시되었습니다.

　신분제가 해체된 뒤에는 상황이 180도로 달라졌습니다. 양반이니 노비니 하는 운명의 굴레가 사라진 반면, 자기 삶의 의미를 스스로 찾아야 하는 상황이 된 것입니다. 예전엔 사회가 이렇게 살아라 저렇게 살아라 정해주었다면, 이젠 그러한 틀 자체가 무너져버린 것입니다. 상황이 그렇기 때문에 대부분의 사람들이 깨달음이니 삼매니 붓다니 하며 특별하고 신비하고 심오하고 완전한 무엇을 찾아 자기 내면으로 숨어들거나 아니면 자기 밖 어딘가를 향해 숨가쁘게 쫓아다닙니다. 온 우주가 한 몸 한 생명인 자신의 참모습을 보지 못하고, 너와 나로 편 갈라 우월감과 열등감에 빠져 시시비비하며 고통에 시달리고 있는 것입니다. 붓다는 말했습니다.

"너와 나, 자연과 인간이 일심동체인 본래붓다입니다. 당신은 자기 삶의 창조주입니다. 그러므로 삶의 의미를 찾기 위해 소를 타고 소를 찾는 바보처럼 내면으로 숨거나 또 다른 무엇을 찾아 어디론가 방황하지 마세요. 온 우주의 뭇 생명이 깊이 연결된 한 몸 한 생명임을 잘 알고, 그 생명들의 안락과 행복을 위해 소를 타고 소를 부리는 데 당신의 열정을 불태우세요. 그때 당신의 삶은 더 풍요로워지고 행복해집니다."

인간은 온 우주 자연과 물질문명, 사회구조와 깊은 영향을 주고받는 연기적 존재입니다. 오늘날 현대인들은 고대 인도인들보다 어떤 면에서는 더 낫고, 어떤 면에서는 그들보다 못한 측면이 있습니다. 붓다 당시의 사람들만 근기가 수승한 특별한 인간이며, 오늘날의 사람들은 말세의 타락한 중생이라고 생각하는 것은 겸허한 자기 성찰의 표현일 수는 있지만, 역사적 사실이나 진리일 수는 없습니다. 우리 삶의 주인인 인간 스스로를 폄하하고 부정하는 것은 붓다가 그토록 타파하고자 했던 비주체적이고 굴종적인 숙명론과 다름없습니다. 붓다의 모든 가르침은 궁극적으로 사람이 본래붓다임을 가리킵니다. 붓다는 온 우주와 한 몸 한 생명인 사람이 본래붓다임을 깨우쳐 안 뒤에 이 사실을 보통 사람들도 잘 알고 살기를 바라는 따뜻한 가슴을 가진 인간이었습니다.

본래붓다와 동체대비는 고루한 옛말이 아닙니다. 개인의 삶에서부터 공동체와 사회를 이롭게 하는 훌륭한 세계관의 토대입니다. 오늘날 무지로 인해 너와 나를 편 가르고 우월감과 열등감으로 안팎의 고통에 시달리는 현대인들에게 본래붓다와 동체대비는 삶의 활로를 열어줄 단비 같은 좋은 선물입니다.

누군가가 우려하며 물었습니다. 인간이 이미 완성된 존재라면 아무것도 할 필요 없다는 교만에, 저만의 이기주의에 빠지지 않겠는가라고. 걱정할 필요 없습니다. '그물의 그물코처럼 이루어진 일심동체인 본래붓다', 그리고 '자신이 행위하는 대로 그 삶이 창조되는 존재'라는 진리를 잘 이해하고 확신하게 되면, 주체적이고 창조적인 입장에서 일상의 평화와 자유로움을 온전히 누릴 수 있고, 모든 존재의 평화와 자유를 위해 '아무 조건 없이' '기꺼이' 역동적으로 살게 됩니다. 붓다의 삶이, 선각자들의 삶이 이미 입증하고 있습니다.

'붓다로 살자' 불교를 공부하며 만난 대부분의 사람들이 "내가 본래 완성된 고귀한 존재", "행위하는 대로 창조되는 존재(오온)"라는 그 한마디가 자신의 삶에서 만난 가장 큰 위안이자 삶에 희망을 갖게 된 계기가 되었다고 말했습니다. 자신이 본래붓다임을 인식하고, 뭇 생명과 동체대비로 어우러져 사는 삶, 어떤가요? 불교의 대의를 이보다 더 멋지고 적합하게 표현할 수 있을까요.

법등명 자등명 ;
진리를 등불로, 자신을 등불로

붓다가 인간들의 무지와 착각으로 형성된 관념의 산물인 신과 인간의 굴레(무지와 착각의 관념. 관습)에서 완전히 벗어났다고 선언한 지 2700년이 지났습니다. 하지만 오늘을 사는 현대인들도 여전히 무지와 착각으로 형성된 관념의 굴레에서 벗어나지 못하고 있습니다. 지금도 신의 명령이라는 이름, 국가와 민족, 유신론과 무신론, 자본주의와 사회주의 등 이데올로기라는 이름 하에 전쟁을 비롯한 온갖 모순들이 끊이지 않습니다. 또한 우리의 삶이 오직 소유와 독점, 경쟁과 지배에 의해 좌우된다고 생각하는 인간들의 무지와 착각이 만들어 놓은 불평등한 관습과 편견이 삶을 옥죄고 있습니다.

진리를 등불로, 자신을 등불로(法燈明 自燈明).

붓다의 일생을 한마디로 정리하면 진리를 등불로, 자신을 등불로 살아간 사람입니다. 열반을 앞둔 붓다가 제자들에게 남긴 이 유언은 21세기인 오늘날에도 여전히 유효합니다. 진리를 등불로 한다는 말은 있는 그대로 보고 듣고 행동하는 실천의 진리인 중도, 그리고 인연화합으로 이루어지는 존재(오온)의 진리인 연기를 삶의 지표로 삼으라는 말씀입니다. 자신을 등불로 한다는 말은 진리의 길을 가는 실천 주체가 그 누구도 아니고 바로 본인 자신이라는 뜻입니다. 세상에 아무리 좋은 길, 넓은 길이 열려 있다 하더라도 본인이 그 길을 가지 않는 한 그 길은 자신의 것이 될 수 없기 때문입니다. 마치 눈앞에 진수성찬이 차려져 있다 해도 먹고 안 먹고는 본인의 몫이고 본인이 직접 먹었을 때에만 그 음식이 자신의 피와 살이 되는 것과 마찬가지입니다. 그 정신을 계승한 대승불교는 "자신의 참모습인 본래붓다와 동체대비의 삶"이라고 압축하여 설명하고 있습니다.

현대인들은 스스로 길을 못 찾아 우왕좌왕하고 있습니다. 너무 많은 정보와 지식의 바다를 헤매면서 인간이란 죄 많고 불완전한 존재라는 그릇된 인식으로 알 수 없는 결핍감에 사로잡혀 계속 무언가를 더 갈구하고 채워야 한다는 강박에 시달리고 있습니다. 그런 현대인들에게, 붓다는 길을 잘 제시하고 있습니다. 그물의 그물코처럼 한 몸 한 생명인 자신의 참모습 그대로 충만하고 존엄하다는 붓다의 선언이야말로 가뭄 끝 단비 같은 반가운 소식이 아닐 수 없습니다.

우리가 지금 이 시대에 '붓다로 살자'고 하는 이유는 크게 세 가지 측면에서 살펴볼 수 있습니다. 하나는 개인적 차원으로, 뭇 생명이 삶을 자유롭고 평화롭게 살도록 하기 위해서입니다. 다른 하나는 불교 내부적 차원으로, 21세기 한국 불교의 성찰과

쇄신을 위해서입니다. 또 다른 하나는 사회적 차원으로, 이 사회에 불교가 희망적 역할을 하기 위해서입니다. 궁극적으로는 모든 생명의 평화와 인간의 해방을 위해서입니다.

현대인의 고통은 대부분 스스로 삶의 의미를 찾지 못하고, 사람 사이의 관계가 틀어짐에서 발생합니다. 근대 자본주의 성립 이전까지 사람들 대부분은 스스로 삶의 의미를 찾기가 어려웠습니다. 이에 비해 현대인의 삶은 비할 수 없이 달라졌습니다. 대단히 풍족해졌고, 지식이 넘쳐납니다. 대신 삶의 의미를 발견하지 못한 채 관계 단절로 고통받고 있습니다.

현대인들의 고통에 대해, '붓다로 살자'는 이렇게 초대합니다. "당신의 참모습은 그 무엇도 부족함 없는 본래붓다입니다. 당신의 삶과 세상을 창조할 주체는 신도, 운명도, 업보도 아니고 바로 당신 자신입니다. 기쁜 마음으로 살아 있는 모든 생명의 안락과 행복을 위해 헌신하며 살아가십시오. 날마다 좋은 날로 활짝 피어날 것입니다. 구차하게 소 타고 소 찾는 격으로 삶의 의미를 찾기 위해 자기 내면으로 숨어들어 가거나 자기 밖으로 무엇을 찾아 어디론가 달려갈 필요가 없습니다. 지금 여기 본래붓다인 뭇 생명들과 고락을 함께하십시오. 그들과 관계 맺으며 서로 존중하고 돕고 나누며 살아가십시오. 그렇게 하면 저절로 우리들의 삶은 더 풍요로워지고 행복해집니다." 왜 그렇게 될까요? 진리가 그러하기 때문이며, 당신이 그런 존재이기 때문입니다.

2700년 불교사의 고비마다 여래의 진실한 뜻이 무엇인지를 탐구하며 끊임없이 불교를 시대에 맞게 창조해내려는 시도가 있었습니다. '붓다로 살자' 불교도 오늘을 사는 보통 사람들을 위해 붓다의 가르침을 되살려내고자 하는 하나의 몸짓입니다. 신비화되고 박제화된 박물관 불교가 아니라 일상에서 생생하게 살아 있는 불교로 바르게 해석되고 실천되도록 하고자 하는 날갯짓입니다. 오늘 우리들의 모색에 많은 사람들의 노력이 보태져 분명 미래에는 생명력 넘치는 시민의 불교가 빛날 것입니다.

지금도 지구촌 곳곳에서는 온갖 모순과 부패, 전쟁과 다툼이 그칠 날이 없습니다. 우리가 사는 한반도 또한 전쟁의 위협이 여전합니다. 다툼을 멈추고 평화를 이루기 위해 한국 사회의 큰 축을 담당하고 있는 불교가 평화의 주춧돌이 되어야 합니다. 한 몸 한 생명의 길인 '붓다로 살자' 불교는 뭇 생명의 안락과 평화를 위해 우리와 다른 존재, 다른 종교, 다른 나라를 보는 시각에 일대 전환을 가져다줄 수 있습니다. 불교의 울타리를 넘어 진리를 구하는 이들에게 깊은 영감을 줄 수 있습니다.

사람으로 태어난 우리 모두의 참모습은 본래 온전한 붓다입니다. 그러므로 우리는 그 무엇도 구하는 마음 없이 존재 자체로 충만하게 살아갈 수 있습니다. 구함 없는 충만한 마음을 바탕으로 주체적이고도 창조적으로 기꺼이 삶을 살아낼 때, 개인은 지극히 행복한 삶을 구가하고 세상은 더없이 평화로워집니다. 세상은 바로 붓다들이 살아가는 터전입니다. 우리 모두 붓다로 살아감을 통해, 세상은 저절로 생명평화가 흐르는 땅이 됩니다. 우리의 스승 붓다는 모든 생명의 평화와 행복을 위해, 스스로의 평화와 행복을 위해 지금 여기 현장의 길 한복판으로 나가라고 가르쳤습니다. '붓다로 살자'는 우리의 스승, 여래의 진실한 뜻을 따르려는 제자들이 21세기 한반도에서 펼치는 사상운동이자 실천 운동이며, 또한 새로운 불교 운동, 새로운 문명 운동입니다. 오늘 우리 사부대중의 발심과 원력에 의해 한국 불교가 크게는 인류 사회, 가깝게는 한반도 대한민국에 자유롭고 평화로운 미래를 선물하는 불교로 거듭날 것입니다.

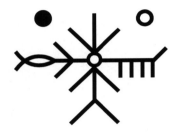

3장

본래붓다

불교의

총론 ;

붓다로 살자

발원문

해설

아무

조건 없이

상대의

가치가

온전하게

빛나도록

지극하게

존중, 배려,

감사하는

마음으로

실천하는

것을

동체대비라

합니다.

붓다로 살자
발원문의 문제의식

붓다는《반야심경(般若心經)》에서 당신이 경험적으로 참되게 알아낸(깨달음) 실천의 진리인 중도, 존재(오온)의 진리인 연기를 간결하게 말하고 있습니다. 이해하기 쉽게 중도의 대화 형식으로 옮겨봅니다.

> "지금 여기 나의 참모습은 어떤 존재인가?"
> "오온의 존재이다."
> "오온은 어떻게 이루어져 있는가?"
> "인연화합의 진리로 이루어졌다. 그러므로 있는 그대로 나의 참모습을 개념화하면 연기의 존재(오온), 공의 존재이다. 자신의 참모습이 공임을 참되게 알면 그 순간 바로 고난과 액난으로부터 편안해지고 자유로워진다."

붓다의 깨달음을 여래의 진실한 뜻에 일치하도록 설명해봅시다. 지금 여기 현장에 있는 자신의 참모습을 직접 마주하여 관찰·사유하는 것이 실천의 진리인 중도이고, 그 길에서 드러난 존재(오온)의 참모습, 존재의 진리가 연기입니다. 중도와 연기의 진리를 일상의 삶으로 살아낼 인격적 주체를 개념화한 것이 '본래 붓다'입니다.

'붓다로 살자' 발원문(30쪽 참고)은 '있는 그대로(중도) 본 본래붓다와 큰 자비(동체대비)의 삶'이라는 여래의 진실한 뜻을 온전히 담고자 만들어졌습니다. 불교 교리의 정수를 잘 녹여 담아낸 깨달음의 노래인《반야심경》외에도 의상 스님이 화엄 사상과 정신을 잘 압축하여 읊은 깨달음의 노래인《법성게》처럼 대승불교의 전통으로 살아온 한국 불교의 불교관과 실천론을 녹여 담고자 했습니다.

　　발원문 내용의 대부분은《아함경(니까야)》과《화엄경》의 가르침을 창조적으로 활용하여 만들었습니다. 여래의 진실한 뜻이 우리 앞에 전해지기까지 시도되었던 불교사의 훌륭한 여러 전통을 담고자 하였습니다. 일평생 중도의 팔정도 사유 방식으로 치열하게 살아가신 붓다의 삶을 사실적으로 기록한 초기불교, 붓다의 사상과 정신을 깊고 풍부하게 담고 있는 화엄을 위시로 한 대승불교, 혁명적이고 독창적인 교외별전(教外別傳, 이미 있는 불교 교리에 구애받지 않고 불교를 설명함)의 선불교 전통 등 유구한 불교 전통들을 녹이고 압축하여 오늘의 대중 언어로 표현하고자 하였습니다. 불교가 가진 역동적인 실천성이 잘 살아나도록 교리에 대한 논리적 설명 대신 본래붓다라는 인격적 개념을 써서 우리 각자가 주체적으로 나아갈 바를 설명했습니다.

본래붓다 불교의 태도와 방법 ;
붓다가 발견한 길, 중도

동체대비 행자인 붓다, 그는 어떤 사람인가, 그는 어떤 삶을 살았는가? 붓다, 그는 있는 그대로의 현장 길, 즉 '실천의 진리인 중도'를 발견(깨달음)하고, 그 길에서 '존재(오온)의 진리인 연기'(12연기, 동체대비)를 터득함(깨달음)으로써 해탈열반(신과 인간의 굴레에서 벗어남)의 삶을 산 사람입니다. 자신이 발견한 있는 그대로의 현장 길, 중도로 본 연기를 일상의 삶으로 완성시킴으로써 나는 나답게, 너는 너답게, 함께 자유롭고 평화로운 삶의 길을 연 사람이 바로 붓다입니다.

붓다는 자신의 깨달음을 개념화한 중도·연기를 성도 후 열반까지 45년 동안 중도의 팔정도 사유 방식으로 일관되게 실천했습니다. 따라서 그의 삶을 제대로 파악하고 이해할 때 비로소 불교의 참모습이 저절로 시야에 들어옵니다. 자신이 깨달은 중도·연기의 진리를 세상 사람들에게 알려주기 위해 온 생애를 바친 대자대비한 그의 삶에 여래의 진실한 뜻이 잘 드러나 있습니다.

팔만사천법문이라는 비유가 뜻하는 것처럼 우리에게 전해오는 붓다의 가르침은 양적으로 어마어마하게 많습니다. 붓다의 사유와 실천이 그만큼 폭넓고 다양했음을 보여줍니다. 붓다는 진리의 길을 안내함에 있어 중도의 사유 방식으로 개인에 주목해야 할 때엔 개인적으로, 사회에 주목해야 할 때엔 사회적으로, 내적으로 외적으로, 정신적으로 물질적으로, 심리적으로 육체적으로, 적재적소에 맞게 그 길을 일러주었습니다. 응병여약, 그야말로 병에 따라 약을 쓰듯이 했습니다.

붓다의 모든 가르침을 '응병여약'이라고 한 이유를 좀 더 분명히 파악할 필요가 있습니다. 보리수 아래에서 깨달음을 얻은 후 붓다는 망설였습니다. "과연 이 심오한 깨달음을 사람들이 알아들을 수 있을까?" 경전에서는 범천의 권청으로 비로소 붓다가 전법에 나섰다고 기록합니다. 반대로 붓다는 종종 "나의 진리는 함께 대화를 나눌 수 있는 사람이면 누구나 그 자리에서 바로 이해할 수 있고 실현할 수 있으며 증명된다."고 하였습니다. 《아함경(니까야)》에 정형구로 나오는 말입니다. 너무 심오하여 알기 어렵다는 앞의 말과 상식을 가진 누구나 알 수 있다는 뒤의 표현은 모순되어 보입니다. 무엇이 진실일까요?

여기 불에 달궈진 뜨거운 화로가 있습니다. 철부지 아이에게 "위험하니 조심해!" 하고 한마디 하는 것으로 괜찮을까요? 당연히 안 되겠죠. 반면 어른들은 어떨까요? 정상적인 사람이라면 "조심해!" 한마디면 충분하지 않겠습니까. 붓다의 가르침도 이와 마찬가지였습니다. 지적 유아기의 사람에게는 과정이 복잡하고 어렵더라도 세세하게 알려주어야만 했고, 알아들을 만한 사람들에게는 진지한 대화와 토론만으로도 충분했습니다.

초기 제자인 1,250아라한 중 야사비구는 흥청망청 놀던 철 없는 부잣집 청년이었습니다. 이 야사가 붓다와의 진지한 만남과 대화로 비구 아라한이 됩니다. 경전에 자세한 기록이 없지만, 다른 초기 제자들과 달리 견고한 선입견, 주관적인 신념들이 없었기 때문이었을 것입니다. 알 만한 사람을 위해 진리의 핵심을 단순하게 설한 법과 지적 유아기의 사람을 위해 복잡하지만 세세하게 설한 법, 둘 중 어느 하나만 틀림없는 붓다의 교설이라고, 유일한 진실이라고 말할 수 있을까요? 선입견과 고정관념이 꽉 찬 사람과 그렇지 않은 사람에게 설한 법 둘 중 하나만 진실이라고 말할 수 있겠습니까? 그렇지 않습니다. 병 따라 약 쓰듯 붓다는 사람의 상태와 지적 역량에 따라 고통으로부터 벗어나는 가르침을 설하셨습니다. 팔만사천법문 모두가 응병여약임을 잊지 말아야 합니다. 응병여약이야말로 있는 그대로의 현장 길인 중도를 어떻게 실천할 것인지를 명료히 알려줍니다.

붓다가 응병여약의 정신으로 가르침을 펼쳤기 때문에 양이 많아졌고 다양한 형태로 전승되었습니다. 그렇다 보니 오늘을 사는 우리 입장에서 보면 때로 종잡을 수 없고 혼란스럽기까지 합니다. 하지만 붓다의 삶을 잘 살펴보면 모든 가르침의 처음과 중간, 끝이 있는 그대로의 현장 길, 중도로 관통되고 있음을 알 수 있습니다.

붓다의 삶을 통해 여래의 참뜻을 잘 파악하고 이해하기 위해서는 있는 그대로의 현장 길인 중도 그리고 그 현장에서 실천해야 할 팔정도(정진-단단히 마음먹고, 정념-정신 바짝 차리고, 정정-차분하고 침착하게, 정견-잘 관찰하고, 정사유-잘 사유하여 도출된 것을, 정어-말로 할 것은 말로, 정업-행으로 할 것은 행으로, 정명-삶으로 살 것은 삶으로 사는 것)를 잘 이해하는 것이 중요합니다. 중도와 팔정도의 의미가 지금 여기에서 바로 이해, 실현, 증명되도록 그 내용을 되새겨보겠습니다.

먼저 붓다가 단호하게 버리고 떠난 단견, 양극단의 길입니다. 있는 그대로의 현장 길인 중도의 반대 또는 상대개념을 찾는다면 단견 또는 양극단입니다. 현장에 있는, 있는 그대로의 참모습을 왜곡시켜 흑이다 백이다 중간이다 하고 어느 하나만으로 단정하는 극단, 또는 신이다 영혼이다 하고 사람들이 생각으로 만들어낸 토끼뿔 같은 것을 사실로 단정하는 극단입니다. 이렇게 극단에 사로잡힌 사유 방식을 '전도몽상(顚倒夢想)'이라고 합니다. 본인이 직접 마주하고 있는, 지금 여기 있는 그대로인 현장의 참모습과 관계없이 자기 관념으로 왜곡되게 생각하고 이해하고 인식한 것을 사실로 간주하거나 또는 어느 한 부분이나 한 측면을 절대화, 일반화시켜 단정하는 그릇된 태도와 방식을 말합니다. 마치 코끼리를 자기 관념으로 왜곡하여 이해하는 봉사들처럼 있는 그대로인 현장, 삶의 참모습을 왜곡시키는 관념의 길이자 단견의 길입니다.

한 여성을 예로 생각해봅시다. 있는 그대로 보면 자식에게는 엄마입니다. 오빠에게는 누이이고, 동생에게는 언니입니다. 남자에게는 여자이고, 손자에게는 할머니이고, 남편에게는 아내입니다. 누구에게는 이모이고, 고모이고, 친구입니다. 그를 어느 한 존재로 단정할 수 있겠습니까? 그렇게 할 수도 없고, 해서도 안 됩니다. 만일 누군가가 그렇게 한다면 붓다는 뭐라고 할까요? 단견, 삿된 길이라고 할 것입니다. 바로 전도몽상의 길인 것이죠.

다음은 붓다가 자신의 전 존재를 바쳐 걸어간 여실(如實), 즉 있는 그대로의 길 중도를 살펴봅시다. 실천의 진리인 중도란 지금 여기 현장의 실상에 직면하여 있는 그대로 보고 이해하고 사유하는 태도와 실천 방식입니다. 마치 잃어버린 귀중한 물건을 찾으려고 할 경우 반드시 잃어버린 그 현장에 직면하여 찾아야만 찾을 수 있듯이 문제의 그 현장에 직면하는 태도와 방법을 중도라고 하는 것입니다. 무지와 착각으로 눈이 먼 사람일지라도 본인의 머릿속에 있는 주관적인 관념으로 예단하지 않고 있는 그대로의 실물 코끼리를 직접 대면하려는 태도와 입장에 비유할 수 있습니다.

불교를 설명할 때 봉사 코끼리 만지기 비유를 종종 하는데, '봉사'라는 개념이 뜻하는 바가 무엇인지에 대해 오해들이 많습니다. 보통은 봉사가 눈을 떠야 코끼리의 실상을 볼 수 있듯이 눈을 뜨기 위해서는 깨달음을 얻어야 한다고 말합니다. 그런데 봉사를 실제 생물학적인 봉사로 보면 눈을 뜨는 것은 거의 불가능합니다. 깨달음을 얻는 것도 매우 복잡하고 어려운 과정을 밟아야만 되는 것처럼 여기게 됩니다. 봉사의 비유가 뜻하는 바는 무엇일까요? 여기에서 봉사는 코끼리의 실상에 대한 무지와 착각으로 인한 편견, 선입견에 사로잡혀 있는 상태를 비유한 것입니다. 코끼리의 실상을 제대로 이해하려면 반드시 현장의 실물 코끼리에 직면하여야 합니다. 붓다는 이렇게 있는 그대로 현장에 직면하는 것을 '중도'라고 했습니다. 봉사와 코끼리의 비유는 깨달음의 어려움을 강조하는 데 초점이 있지 않고 실천의 진리인 중도의 길을 가야만 만병의 원인인 무지와 착각으로 인한 양변의 굴레로부터 벗어나게 됨을 깨우치는 비유입니다.

이제 여덟 가지 바른길인 '중도의 팔정도'와 여덟 가지 삿된 길인 '양극단의 팔사도'를 살펴보겠습니다. 둘 사이의 차이를 따져보면 팔정도의 뜻을 좀 더 분명하게 이해할 수 있을 것입니다.

먼저 양극단의 팔사도입니다. 있는 그대로의 현장 길과 관계없이 전해오는 대로, 관습대로, 짐작으로, 본인 생각으로 단정하고 실행하는 양극단의 견해·사유·언어·행위·생활·기억·집중·정진이 여덟 가지 삿된 길입니다. 지금 여기에서 본인이 직면한 현장의 있는 그대로의 실상과 관계없이 자기 색안경으로 왜곡되게 이해하고 인식하고 단정하는 관념적이고 극단적인 태도와 방식입니다. 예를 들어 지금 여기에서 누구나 바로 이해·실현·증명될 수 있는 삶의 실제 내용과 관계없이 이미 형성되어 있는 갖가지 선입견, 브라만이니 아트만이니 하는 관념, 삿된 길인 해탈고행수행과 안락선정수행의 태도와 방식 등으로 삶을 바라보고 다루는 것입니다. 그렇게 할 경우 싯다르타처럼 신비한 선정 체험도 하고 신통도 얻고 최고의 고행도 한다고 해도 찾아야 할 해답을 찾지 못한 채 악순환을 거듭하게 됩니다. 팔사도는 반드시 버리고 떠나야 할 극단의 길입니다.

다음은 실천의 진리인 중도의 팔정도, 즉 있는 그대로의 현장에 직면하여 실천하는 견해·사유·언어·행위·생활·기억·집중·정진, 여덟 가지 바른길입니다. 여기에서 '바름'은 일반적으로 말하는 정의-불의, 옳음-그름 할 때의 바름이 아니라 현장에서 적재적소에 맞게 적용하는 것을 뜻합니다. 지금 여기에서 주체적으로 현장의 참모습을 왜곡 없이 있는 그대로 바로 보고 이해하고, 사유하며, 바로 말하고, 행동하고, 생활하며, 바로 기억하고, 집중하고, 정진하는 것입니다. 예를 든다면 싯다르타가 그리하였듯이 관념으로 형성된 극단의 여덟 가지 삿된 길(브라만과 아트만, 선정향락수행과 해탈고행수행)을 버리고 중도의 여덟 가지 바른길의 태도와 방식으로 직면한 삶의 문제를 있는 그대로 잘 보고 다루는 것입니다. 그렇게 할 경우 삶의 참모습이 연기(空, 無相, 無願=同體大悲)임을 있는 그대로 터득하게 되고, 자연스럽게 지금 여기에서 해탈열반의 삶을 누리게 됩니다.

붓다는 일평생 중도의 팔정도행을 철저히 견지하였습니다. 중도의 팔정도 사유 방식으로 외아들을 잃은 어머니를 일깨웠고, 전쟁을 막기 위해 길 한복판에 앉았고, 양 진영 중심에 들어가 물싸움을 말렸고, 살인마 앙굴리말라를 제도하였습니다. 독문은 화살, 두 번째 화살의 비유 등 무수히 많은 경전의 일화를 통해서도 이를 확인할 수 있습니다. 그러므로 화엄법계의 53선지식처럼 그가 누구이든 언제 어디에 있든 중도의 팔정도를 이해·실현·증명할 수 있도록 해석하고 적용하고 생활하면, 그 사람이 바로 '참된 앎(깨달음)'으로 일상을 사는 사람, 붓다'입니다.

정리하면 중도란 첫째, 지금 여기 있는 그대로의 참모습을 자신의 색안경으로 왜곡시켜 거꾸로 이해하는 무지와 착각의 관념으로 형성한 모든 단견(코끼리에 대한 눈먼 자들의 견해, 결원상극, 자승자박)이 잘못된 길임을 알고 그 길을 버리고 떠나는 것이며, 둘째, 지금 여기 직면한 삶의 현장에서, 있는 그대로의 참모습을 누구나 바로 이해·실현·증명할 수 있도록 하는, 있는 그대로의 길(코끼리에 대한 눈뜬 자들의 견해, 해원상생, 무애자재)을 투철하게 잘 가는 것입니다.

나아갈 기본 방향 ;
중도로 본 본래붓다

신기하고 신기하도다.

어리석음에서 깨어나 보니

사람이 그대로 오롯한 붓다이네.

(붓다로 살자 발원문 1연)

신기하고 신기하도다

붓다로 살자 발원문의 첫 구절입니다. 이 구절은 《화엄경》에 나오는 중도, 있는 그대로의 참된 앎(깨달음)을 설명할 때 첫머리에 나오는 내용입니다. 좀 더 펼치면 "신기하고 신기하도다. 관습, 극단에 빠져 잘 모를 때엔 사람이 죄 많은 업보중생이었는데, 중도로 정신 차려 있는 그대로의 참모습을 제대로 알고(깨달음) 보니 사람이 본래 거룩한 붓다이네."라는 말입니다. 죄 많은 업보중생인 줄 알고 불안과 두려움에 떨고 살았는데, 실제 있는 그대로 자신의 참모습을 참되게 알고 보니 업보의 노예로 살아야 하는 중생이 아니고 지혜와 자비심으로 주체적이고 창조적으로 살 수 있는 '본래붓다'라고 일러주고 있습니다.

눈 깜짝할 사이에 노예 팔자에서 주인 팔자로, 중생 팔자에서 붓다 팔자로 바뀌고, 지옥에서 극락으로 올라온 격이니 그야말로 하늘이 놀라고 땅이 놀랄 일입니다. 어찌 감격하지 않겠습니까? 그 넘치는 감격을 '신기하다'는 말로 표현한 것입니다. 말에 담긴 뜻을 짚어보면 '와, 놀랍다, 대단하다, 참 좋다, 훌륭하다, 멋있다, 신난다, 신비하다, 기적이다, 불가사의다, 감탄 말고는 달리 표현할 길이 없다.' 등의 뜻을 "신기하고 신기하도다."라는 한마디에 담았습니다.

그렇다면 중생과 붓다, 극락과 지옥의 갈림길이 어디쯤일까요? 중도의 길인가 극단(관념)의 길인가, 현장의 길인가 습관의 길인가, 주인의 길인가 노예의 길인가, 참된 앎(깨달음)의 길인가 무지의 길인가, 바른길인가 삿된 길인가일 뿐 이 밖의 그 무엇도 특별할 것이 없습니다.

어리석음에서 깨어나 보니

중생과 붓다의 차이점은 참된 앎(깨달음)과 모름(무명)입니다. 무명이라 함은 참을 참으로 알지 못하고, 거짓을 참으로 아는 어리석음을 말합니다. 반면 거짓을 거짓으로, 참을 참으로 있는 그대로 참되게 아는 것이 깨달음입니다.

'본래붓다'에 대한 모름, 무지, 미혹은 무엇을 말하며, 참된 앎, 깨달음이란 무엇을 말하는 것일까요? 사람의 참모습을 굳이 말로 표현한 것이 본래붓다인데도, 이 사실을 사실대로 보지 못하고 왜곡된 이해와 착각의 습관으로 '사람이 본래 죄 많은 업보중생'이라고 알고 믿는 것이 미혹입니다. 반면 '사람의 참

모습이 죄 많은 업보중생이 아니라 본래붓다'임을 있는 그대로
알고 확신하는 것이 참된 앎입니다.

사람이 그대로 오롯한 붓다이네

다른 불교 전통과 비교하였을 때 도드라지는 한국 불교의 특징
과 탁월함을 한마디로 표현하면, '본래붓다'입니다. 세계 어느
나라 불교도 한국 불교처럼 본래붓다를 강조하고 있지 않습니
다. '본래붓다'라는 말에는 명심해야 할 두 가지 뜻이 담겨 있습
니다. 하나는 자신(오온, 존재)의 참모습이 본래붓다임을 확실하
게 이해하고 확신하는 참된 앎입니다. 다른 하나는 그 참된 앎을
현실에서 매 순간순간 그 무엇도 구함 없이, 그 어떤 전제도 없이
일상의 삶으로 살아내는 온전한 실천입니다. 세세생생토록.

　　이 구절이 뜻하는 바를 짚어보겠습니다. 미혹했을 때 붓다
의 이름은 중생 싯다르타였습니다. 그는 당시 사람들이 진리라
고 알고 믿었던 것처럼 인간이란 '신에 의해 운명이 좌우되는
자, 정해진 운명대로 살아야 하는 자, 자신도 모르는 업보 때문
에 벌벌 떨며 살아야 하는 자, 자신의 삶을 주체적으로 창조할
수 없는 무력한 자', 죄의식에 사로잡혀 무조건 빌고 한탄하는
것 말고는 그 무엇도 할 수 없는 허무하고 한심한 존재라고 생
각했습니다.

그는 자신의 삶을 스스로 어찌할 수 없도록 만드는 신의 노예, 운명의 노예, 업보의 노예라는 무지와 착각의 굴레에서 벗어나고자 몸부림쳤습니다. 출가한 뒤에는 그 시대에 최고의 길로 제시된 안락선정수행과 해탈고행수행에 심혈을 기울였고, 마침내 신비하고 심오한 최고의 경지에 도달했습니다. 그 누구도 가지 못했던 고행의 끝까지 가보았습니다. 출가 후 싯다르타는 기존의 종교가 제시하는 관념의 길, 삿된 길인 극단의 수행을 치열하게 하였지만 삶의 근원적 물음의 해답을 찾을 수 없었습니다. 길이 보이지 않았습니다.

그동안 걸어온 길이 잘못된 길임을 알자 그는 사람들이 그동안 진리의 길이라고 철석같이 믿었던 그 길을 과감히 버리고 본래의 제자리로 돌아왔습니다. 전도몽상의 길인 극단의 길을 버리고 있는 그대로의 현장 길인 중도의 출가 생활로 나아갔습니다. 싯다르타는 처음엔 세속을 버리고 출가했고, 다음엔 안락선정수행과 해탈고행수행이라는 기성의 출가를 버리고, 있는 그대로의 현장 길인 중도의 출가수행을 선택했습니다. 중생 싯다르타를 붓다 싯다르타로 만든 것은 첫 번째 출가가 아니라 바로 두 번째 출가인 중도출가수행이었습니다.

실제 평범한 일상의 삶으로 돌아온 싯다르타는 백지 상태에서 기존의 그 무엇에도 구애받지 않고 중도의 눈으로 직접 지금 여기 고통에 시달리고 있는 자신의 참모습을 직시했습니다. 중도의 팔정도 사유 방식으로 주의 기울여 치열하게 자신의 참모습을 꾸준히 관찰하고 사유했습니다. 그 과정에서 업보중생이라는 낡은 관념의 먹구름이 사라지고 '사람이 본래붓다'(연기의 존재)라는 참된 앎이 확연하게 드러났습니다. 긴 세월 사람들이 죄 많은 '업보중생'이라고 알고 믿었던 무지와 착각의 낡은 믿음이 물러가고 사람이 본래 '붓다'라는 참된 앎(깨달음)이 뚜렷하게 나타났습니다. 마치 등불이 밝혀지는 순간 천 년 묵은 어두움이 한순간에 자취도 없이 사라지는 것과 같이 마침내 사람이라는 존재 그 자체가 '위대한 본래붓다'라는 진실의 참모습, 생명의 참모습, 존재의 참모습에 눈뜬 것입니다.

인간의 참모습이 '본래붓다'라는 것은 어떤 의미일까요? 왜 굳이 논란의 여지가 있는 '본래붓다'라는 표현을 쓰고자 하는 것일까요? 여러 이유가 있지만 대표적으로 다섯 가지만 짚어보겠습니다. 첫째, 붓다가 말씀하신 "나는 여래가 세상에 오고 안 오고, 깨닫고 깨닫지 않고에 관계없이 본래 있는 법을 발견했다.""법을 보는 자는 나를 보고 나를 보는 자는 법을 본다."는 진리의 특성이 잘 드러나도록 인격화한 개념이 본래붓다입니다. 둘째, 깨달음이니 미혹이니, 중생이니 붓다이니 하는 개념이 만들어지기 이전 상태부터 연기의 진리로 이루어진 존재(오온)의 참모습이 존귀함을 드러내기 위함입니다. 셋째, 그물의 그물코처럼 털끝만큼의 결함도 없는 완성적인 존재(오온)의 참모습을 드러냄으로써 더 구하고 얻기 위해 헐떡거리는 중생 병을 치유하기 위함입니다. 넷째, 인간이란 본인이 행위하면 행위하는 대로 그 뜻한 바, 삶이 바로 창조되어지는 위대한 창조주임을 드러냄으로써 노예가 아닌 주인으로 살도록 하기 위함입니다. 다섯째, 본래 중생(소를 타고 소 찾는 사람)이라는 관점으로 접근하면 거의 필연적으로 과거 아니면 미래로 달려가게 되므로, 본래붓다(소를 타고 있음을 아는 사람)라는 관점으로 접근하여 언제나 지금 여기에 집중함으로써 현재를 완성적으로 살도록 하기 위함입니다.

지금 여기 나에게 주어진 내 몸과 마음, 그리고 시간과 공간이라는 조건을 주인인 내가 제대로 잘 알고 어떻게 쓰느냐에 따라 극락과 지옥이 만들어집니다. 스스로에 의해 행복과 불행이 좌우되는 불가사의한 존재가 인간입니다. 그러므로 세상에서 제일 존귀한 자, 결핍 없는 완성자, 나의 삶과 나의 세상을 창조(일체유심조)하는 주인이 자기 자신임을 스스로 발견했는데, 어찌 환호하지 않겠습니까? 참으로 하늘도 땅도 놀랄 일입니다. 이를 두고 그 누가 신기하다, 신비하다, 불가사의하다 하고 감탄하지 않을 수 있겠습니까?《화엄경》에서 길어 올린 '본래붓다'라는 외침은 무명(어두움)의 인류 문명을 광명(밝음)의 인류 문명으로 바꾸어낸 놀라운 사자후입니다.

발원문의 "신기하고 신기하도다. 어리석음에서 깨어나 보니 사람이 그대로 오롯한 붓다이네."라는 표현은 붓다 자신이 위대한 진실을 있는 그대로 보고 외친 감탄의 한마디입니다.

안타깝고 안타깝도다.

어리석음과 착각에 빠져

붓다인 사람이 중생 노릇하고 있네.

(붓다로 살자 발원문 2연)

지난 2014년 4월 16일 팽목항 앞바다에서 침몰하는 세월호를 바라보며 온 국민이 안타까운 마음으로 발을 동동 굴렀습니다. 왜 그랬을까요? 제대로 대응하기만 했으면 살 수도 있었고 살릴 수도 있었기 때문입니다. 그럼에도 불구하고 끝내 배가 침몰하여 304인의 귀한 생명이 죽어갔습니다. 구할 수 있었는데도 구하지 못하고 빤히 지켜봐야 했던 국민의 마음이 바로 '안타까움'이었습니다.

마찬가지로 자신의 외자식이 당당하고 자유롭게, 평화롭고 행복하게 살 수 있는 본래붓다인데도 그 길을 가지 않고 스

스로 업보중생이라는 고정관념, 낡은 믿음에 빠져 굴욕적이고
비루하고 비참한 삶의 길을 간다고 칩시다. 그 외자식을 바라보
는 어버이의 마음을 한마디로 표현하자면 '안타까움'일 것입니
다. 본래붓다인 사람들이 무지와 착각으로 만들어진 낡은 고정
관념에 사로잡혀 중생 노릇하는 모습을 바라본 붓다의 마음도
똑같았습니다.

발원문의 "안타깝고 안타깝도다. 어리석음과 착각에 빠져
붓다인 사람이 중생 노릇하고 있네."는 자신의 참모습이 본래붓
다임을 망각하고 스스로 업보중생이라는 무지와 착각의 낡은
신념에 사로잡혀 허우적거리는 사람들의 모습을 바라볼 때마
다 붓다의 가슴에 차올랐던 마음을 있는 그대로 표현한 한마디
입니다.

한심하고 한심하도다.

언제나 분주하고 고달프게

소를 타고 소를 찾고 있네.

(붓다로 살자 발원문 3연)

해봐야 아무 짝에도 쓸모없는, 부질없는 짓을 할 때 우리는 보
통 '한심스럽다'며 혀를 끌끌 찹니다. 한번 차분하게 짚어봅시

다. "소를 타고 소를 찾고 있네."라는 말은 길 찾아 헤매는 인생살이에 대한 비유입니다. 스스로 '소'를 타고 있는데도 그 사실을 모르고 살면 그 삶이 과연 어떻게 될까요? 물어볼 것도 없이 '소'를 찾기 위해 동분서주하느라 직면한 일상의 삶을 제대로 살 수가 없게 됩니다. 반면 스스로 '소'를 타고 있는 줄을 알고 살면 어떻게 될까요? 당연히 소를 탄 채, 필요하고 의미 있고 유익한 일을 하게 되죠. 지금 여기 현재의 삶을 매우 창조적이고 역동적으로 온전하게 살아가게 됩니다. 소를 타고 있는 줄 알고 사는 것과 모르고 사는 것의 차이가 별것이 아닐 것 같지만 실제로는 하늘과 땅만큼 큰 차이가 납니다. 인생살이에 있어서 스스로 '소를 타고 있다'는 사실을 있는 그대로 참되게 아는 일(깨달음)이야말로 그 무엇보다도 중요하므로 가장 우선되어야 합니다.

그러면 소를 타고 있는 사람이 소를 찾으려면 어떻게 해야 할까요? 길은 오로지 깊이 성찰하고 대화하는 한길뿐입니다. 현재 자신의 참모습을 잘 살피는 성찰수행, 친구와 스승께 잘 묻고 배우는 대화수행 말고는 다른 길이 있지 않습니다.

사람들은 자신이 소를 타고 있다는 사실을 모르고 천지 사방으로 소를 찾아 전전긍긍할 뿐 깊은 성찰과 대화를 통해 자신이 소를 타고 있는 본래붓다임을 참되게 이해하고 확신할 수 있도록 노력하지 않습니다. 그러고는 바보처럼 어디에 있는지, 언제 이루어질지 알 수도 없는 무언가 특별하고 심오하고 신비한 삼매니, 신통이니, 깨달음이니, 붓다니 하며 환상적인 그 무엇을 찾아 내면으로 외면으로 사방팔방 쫓아다니고 있습니다. 그 광경을 바라보는 사람들이 한심하다고 할밖에요. 잘 생각해보십시오. 자신의 참모습이 본래붓다인 줄 알았으면 당장 심혈을 기울여 붓다로 살 일이지 붓다인 사람이 또다시 붓다 되기 위해 소 타고 소 찾는 사람처럼 신비한 깨달음, 삼매 체험을 찾아 인도, 티베트, 미얀마 등을 쫓아다니는 것은 부질없는 헛수고 아닌가요? 그야말로 한심한 일이죠. 일찍이 원효 스님이 오도송에서 짚은 바도 같은 맥락이었습니다. "분리시켜 차별하는 마음 일으키니 온갖 차별 현상 일어나고, 그 차별하는 마음 내버리니 모든 차별 현상도 사라지네. 온 세상이 오롯한 일심동체요, 모든 차별 현상이 오로지 분별심일 뿐이네. 일심동체일 뿐 그 밖에 진리 따로 있지 않은데 어찌 또 다른 곳에서 찾으려고 전전긍긍하리요." 소를 타고 소를 찾는 어리석음에서 벗어나야 한다는 참된 앎(깨달음)의 노래가 어찌 원효 스님만 부를 수 있는 노래이겠습니까?

자신의 참모습이 본래붓다임을 있는 그대로 참되게 알고 확신하게 되면 털끝만큼의 결핍감도 가질 이유가 없습니다. 자연스럽게 정신적으로든, 심리적으로든, 신체적으로든, 물질적으로든 결핍감을 채우기 위해 무엇인가를 더 구하고 더 얻으려는 마음의 노예가 되어 안으로 밖으로 여기저기 고달프게 쫓아다니고 땀 흘리며 고생할 일이 없게 되죠. 차라리 그 시간에 나와 그대가 본래붓다로 우뚝 설 수 있도록 지금 여기 자신의 참모습이 본래붓다임을 학습 연마하여 확신하는 지혜수행, 순간 순간 본래붓다로 온전하게 존재하도록 노는 입에 염불하는 선정수행, 너와 나 그리고 우리 모두가 함께 살아야 할 보배 궁전인 우리 세상을 아름답게 가꾸기 위해 부지런히 부지깽이 노릇하는 자비계 수행을 하면 훨씬 좋지 않겠습니까?

안타깝게도 예나 지금이나 자신의 참모습이 본래붓다임을 모르고 많은 사람들이 업보중생이라는 무지와 착각, 낡은 믿음의 지옥에 빠져 전생 죄업이라는 과거, 아니면 언젠가 이루어질지도 모르는 신비한 삼매니 깨달음이니 하는 환상의 미래에 사로잡혀 동분서주하느라 고생고생하고 있습니다. 오랫동안 길들여진 습성대로 지금 여기 현재를 떠나 과거 아니면 미래에 붙잡혀 살아가는 한 아무리 피땀 흘려 애써봐야 동쪽으로 가야 할 사람이 서쪽을 향해 달려가는 것처럼 모두 헛수고일 뿐입니다. 그런데도 죽자 살자 하고 고집스럽게 그 낡은 믿음을 붙잡고 있으니 한심하고 한심하다며 혀를 끌끌 찰 수밖에요.

내 이제 마땅히

중생이라는 낡은 믿음을 버리게 하리.

갈피 못 잡고 헤맴에서 깨어나게 하리.

(붓다로 살자 발원문 4연)

이 구절에 붓다께서 일생 동안 무엇을 하며 살았는지가 선명하게 잘 나타나 있습니다. 붓다가 오늘 우리 곁에 계시다면 무슨 말씀을 하셨을까요? 아마도 틀림없이 다음과 같은 이야기를 하지 않았을까 합니다.

① "나는 없는 길, 모르는 길을 찾고 만들어야 했기 때문에 그 과정이 복잡하고 어려울 수밖에 없었다. 반면 그대들은 내가 제시한 길을 가면 되기 때문에 나처럼 길을 찾고 만들기 (깨달음) 위해 복잡하고 어려운 과정을 밟을 필요가 없다."

② "나는 주장하지 않는다. 다만 누구나 현실적으로 경험되는 진리를 설명한다. 그러기 때문에 나의 진리, 나의 가르침은 누구나 바로 이해·실현·증명된다."

③ 불교란 "자신을, 인생을, 세상을 있는 그대로 잘 알고 살면 그 삶이 괜찮게 됨을, 붓다께서 삶으로 보여주고 말로 안내하는 것이다."

"친구야, 지금 자네 뭐 하고 있는지 살펴봐. 한심하게도 죽자 살자 중생 노릇하고 있어. 무슨 말인가 싶지? 중생 팔자 벗어보겠다고 죽기 살기로 하고 있는데, 실제로는 자기도 모르게 중생감옥을 만들고 있어. 갈 곳이 동쪽인데 서쪽을 향해 전력 질주하는 바보처럼. 자네 중생 노릇이 뭔지 알아? 소 타고 있는 사람이 다시 소 찾으려고 동으로 서로, 안으로 밖으로 헐레벌떡 쫓아다니는 짓이 중생 노릇이야. 바보야, 본인이 타고 있는 소를 여기저기 쫓아다닌다고 찾아져? 신비 체험을 한들, 하늘에 간들, 지옥에 간들, 깊은 삼매에 들어간들 없는 소가 찾아질 턱이 없지. 생각해봐. 본인이 타고 있는 소를 무슨 수로 다른 곳에서 찾을 수 있겠어.

친구야, '타고 있는 소'를 찾으려면 어떻게 해야 할까? 하나는 지금 여기 자신의 참모습을 잘 관찰·사유하는 성찰의 삶을 사는 것이고, 다른 하나는 지금 만나는 그 사람(벗, 스승)에게 물어보면 바로 알 수 있어. 즉시 네가 '지금 타고 있잖아.' 하고 알려줄 거야. 그렇지. 물어보는 것이 최고지. 붓다는 삶의 문제를 깊이 성찰하고 참되게 묻고 배우는 것이 중도의 길이라고 했어. 대부분의 우리 문제는 불교 공부와 수행을 중도적으로 하지 않기 때문에 생겨. 중도, 즉 있는 그대로 보면 자네의 참모습이 본래붓다(소를 타고 있음)

야. 어딘가에 거룩하고 특별한 것이 따로 있을 것이라는 잘못된 망상에 사로잡혀 안팎으로 땀 뻘뻘 흘리며 여기저기 찾아 헤매는 바보짓 이제 끝내. 길은 한길뿐이야. 지금 당장 본인이 본래붓다라는 사실을 있는 그대로 아는 것 말고는 다른 길이 없어. 본인이 본래붓다라는 진실을 있는 그대로 보고 알면 바로 종의 신세에서 주인의 신세로, 중생 팔자에서 붓다 팔자로, 지옥에서 극락으로 바뀌게 돼. 어때, 놀랍잖아. 알았어? 알았으면 정신 차려!"

붓다는 자신의 참모습이 본래붓다임을 있는 그대로 알고 난 후 죽는 그날까지 매 순간순간 자신의 전 존재를 바쳐 길에서 길로, 마을에서 마을로, 집에서 집으로, 중도의 팔정도 사유 방식으로 사람들을 만나고 대화하였습니다. 기생집도, 천민의 집도, 무당집도, 고대광실 궁궐도, 싸움터도, 심지어는 전쟁터도 마다하지 않았습니다. 오로지 사람이 업보중생이라는 낡은 믿음을 버리게 하기 위해, 내면으로 외면으로 천지 사방을 향해 신비한 깨달음과 거룩한 바깥의 붓다를 찾아다니는 부질없는 헤맴에서 깨어나 본인의 참모습이 본래붓다라는 사실을 있는 그대로 알도록 하는 데 온 생애를 바쳤습니다.

걸어가야 할 길 ;
동체대비의 삶

그리하여 지금 당장 붓다처럼

정신 차린 사람, 평화로운 사람,

정의로운 사람, 자비로운 사람,

행복한 사람 붓다로 살게 하리.

소박한 사람, 지혜로운 사람,

자유로운 사람, 아름다운 사람,

행복한 사람 붓다로 살게 하리.

(붓다로 살자 발원문 5~6연)

일상을 중도의 팔정도 사유 방식으로 치열하게 살아가신 붓다
는 본래붓다행인 동체대비(중도의 팔정도)의 삶이 어떠해야 하는
지 온 생애를 통해 직접 보여주었습니다. 매 순간순간을, 그리
고 죽음의 순간까지 당신의 전부를 바쳤습니다. 그 결과 그 삶
이 저절로 뭇 생명과 함께 자유롭고 평화롭고 행복했습니다.

어떤 전제나 선입견도 없이 있는 그대로 보면, 특별한 붓다
가 저 높은 곳 어딘가에 따로 있지 않습니다. 그가 누구이건 사
람이 본래붓다라는 진실을 있는 그대로 알고 확신하고 죽을힘
을 다해 구함(바람) 없이 본래붓다의 삶(중도의 팔정도, 동체대비)
을 살아간 붓다처럼 살기만 하면 그가 바로 더불어 함께 자유로

운 사람, 더불어 함께 평화로운 사람, 더불어 함께 행복한 사람 붓다입니다. 유식하든 무식하든, 학벌이 좋든 나쁘든, 돈·명예·권력이 있든 없든, 남자든 여자든, 진보든 보수든, 장애가 있든 없든, 어른이든 젊은이든, 자본가든 노동자든, 금수저든 흙수저든, 기독교인이든 불교인이든, 종교인이든 무종교인이든 관계없이.

> 천지를 진동시킨
> 붓다의 한 말씀 한 말씀을
> 간절히 두 손 모아 가슴에 새깁니다.
> 뭇 생명의 아픔을 내 아픔으로 여겨
> 한 생명 빠짐없이
> 평화와 행복의 길로 이끌었던
> 붓다의 고귀한 삶과 정신을 따라
> 저희들 또한 지금 여기에서
> 거룩한 붓다로 살겠습니다.
>
> (붓다로 살자 발원문 7연)

가슴 깊이 새기고 또 새겨야 할 것은 "지금 여기에서 거룩한 붓다로 살겠습니다."라는 한마디 발심과 서원입니다. 이 한마디

발심과 서원을 굳건하게 새기고 또 새겨 일상 속에서 지극하게 실천하면 그것으로 충분합니다. 팔만사천법문은 일상의 삶을 붓다로 살아가도록 붓다께서 각자의 근기에 맞게 일러준 달 가리키는 손가락이고 약 처방인 수행 방편입니다.

삶의 현장에 실현하기 위한
두 가지 방법

본래붓다인 나는 자연과 사람을

고귀하게 맞이하여 말하고 행동하겠습니다.

진실하게 맞이하여 말하고 행동하겠습니다.

겸허하게 맞이하여 말하고 행동하겠습니다.

그리하여 지금 당장 고귀하고 진실하고 겸허한 사람 되어

함께 행복한 사람 붓다로 살겠습니다.

본래붓다인 나는 자연과 사람을

따뜻하게 맞이하여 말하고 행동하겠습니다.

평등하게 맞이하여 말하고 행동하겠습니다.

정의롭게 맞이하여 말하고 행동하겠습니다.

그리하여 지금 당장 따뜻하고 평등하고 정의로운 사람 되어

함께 행복한 사람 붓다로 살겠습니다.

본래붓다인 나는 자연과 사람을

평화롭게 맞이하여 말하고 행동하겠습니다.

소탈하게 맞이하여 말하고 행동하겠습니다.

소박하게 맞이하여 말하고 행동하겠습니다.

그리하여 지금 당장 평화롭고 소탈하고 소박한 사람 되어

함께 행복한 사람 붓다로 살겠습니다.

(붓다로 살자 발원문 8~10연)

첫째, 지금 여기에서 중도의 팔정도 정신으로 실천함

평생을 중도의 팔정도 사유 방식으로 살아가신 붓다는 일생 동안 언제 어디에서나 매 순간순간 그 어떤 구하는 마음도 없이 본래붓다로 살기 위해 죽는 그날까지 온 힘을 다했습니다. 언제나 쉼 없이 지극정성을 다하면, 지금 고통의 현장에서 바로 자유롭고 평화로워진다는 사실을 분명하게 보여주었습니다.

거듭 말씀드리지만 붓다는 늘 "나의 진리, 나의 가르침은 지금 여기에서 누구나 바로 이해·실현·증명된다."라고 하셨습니다. "사람이란 자신이 마음먹고(일체유심조) 행위하는 대로 뜻한 바 그 삶이 바로 실현되는 위대한 창조주"라고 했습니다. '붓다로 살자 발원문'의 내용은 먼 훗날 언젠가 실천해야겠다고 미룰 내용이 아닙니다. 지금 당장 본인이 마음먹고 실천하면 행위하는 대로 의도한 바가 즉시 이루어지도록 만들어졌습니다.

'즉시 실현된다'는 붓다의 말씀이 어떤 의미인지 살펴봅시다. 지금 여기 나에게 기본적으로 시간과 공간, 내 몸과 마음이 주어져 있습니다. 그 주인은 나 자신이고 주어진 그것을 어떻게 알고 쓰느냐에 따라 붓다도 악마도, 지옥도 극락도, 희망도 절망도 만들어집니다. 왜 그렇게 될까요? 진리가 그러하기 때문이며, 인간이 그런 존재이기 때문입니다.

정말 그렇게 되는지 한번 짚어봅시다. 여기 전생에 복을 많이 짓고 금생에도 사람들로부터 훌륭하다고 칭찬이 자자한 사람이 있습니다. 그런데 지금 그 사람이 본인에게 주어진 시간, 공간, 몸과 마음을 잘못 알고 잘못 써서 도둑질을 했습니다. 어찌 될까요? 전생에 지은 복 덕택에 도둑이 안 될까요? 당연히 그렇지 않습니다. 바로 도둑이 되죠.

여기 전생에 죄를 많이 짓고 금생에도 사람들로부터 나쁜 놈이라고 비난받는 사람이 있습니다. 그런데 지금 여기 그 사람이 본인에게 주어진 시간, 공간, 몸과 마음을 있는 그대로 잘 알고 잘 써서 이웃들에게 좋은 일을 했습니다. 어찌 될까요? 전생의 죄업 때문에 도둑이 될까요? 당연히 그렇지 않고 좋은 사람 되지요. 보십시오. 바로 행위하는 대로 되지 않습니까? 왜 그럴까요? 진리가 그러하기 때문이며, 또한 인간이 그런 존재이기 때문입니다.

마치 마음먹은 대로 이루어지는 도깨비 방망이가 지금 여기 내 손에 주어져 있는 것과 같습니다. 주인인 내가 "희망 나와라, 뚝딱!" 하면 희망이, "절망 나와라, 뚝딱!" 하면 절망이, "지옥 나와라, 극락 나와라, 악마 나와라, 붓다 나와라, 뚝딱!" 하면 주인의 뜻에 따라 그 모든 것이 이루어집니다.

발원문의 표현대로 본래붓다인 내가 구하는 마음 없이 자연과 사람을 평화롭게 맞이하여 말하고 행동하면 어찌 될까요?

당연히 평화로운 사람이 되고 그 삶도 평화롭게 되지요. 상대는 어떨까요? 물론 상대도 좋지요. 그렇습니다. 바로바로 발원문대로 됩니다. 그렇게 되는 이유가 뭘까요? 진리가 그러하기 때문이며, 인간이 그런 진리의 존재이기 때문입니다.

그러므로 발원문대로 누구나 지금 여기에서 본래붓다답게 구하는 마음 없이 생각하고 말하고 행동하면 즉각 뜻한 바대로 이루어지기 때문에 군더더기 설명이 더 필요하지 않습니다. 본인이 직접 해보면 틀림이 없음을 바로 확인할 수 있습니다. 이 세상 그 어떤 가르침도 이보다 더 분명하고 확실할 수 없습니다. 이 가르침은 너에게도 나에게도, 과거에도 현재에도 미래에도, 보편적으로 적용되어온 있는 그대로의 길, 중도 연기의 길임에 틀림이 없습니다.

둘째, 중도의 팔정도 정신으로 익숙할 때까지 실천함

사람들은 "본래붓다 불교의 내용을 이해하는 데는 큰 어려움이 없다. 그런데 붓다처럼 '본래붓다의 삶'을 일상의 삶으로 사는 것은 말처럼 쉽지 않다. 어떻게 해야 하나." 하고 어려움을 토로합니다. 그렇습니다. 그 문제는 누구든 일생 동안 붙잡고 가야 하는 중요한 과제입니다. 과연 어떻게 해야 할까요?

한국 불교인들이 정서적으로 자연스럽게 접근할 수 있도

록 해석하고 설명하겠습니다. 전통적으로 한국 불교인들은 계율·선정·지혜의 삼학을 균형 있게 실천하는 것이 여래의 진실한 뜻에 맞는 불교 수행이라고 배워왔습니다. 그러한 전통을 고려하여 '중도로 본 본래붓다와 동체대비'로 요약한 붓다로 살자 불교 세계관과 실천론을 계정혜 삼학의 체계에 따라 일상 속에서 단순 소박하게 실천할 수 있도록 제시하겠습니다.

먼저, 자신이 본래붓다라는 확신으로 구하는 마음을 버리고 실천하게 하는 지혜수행입니다. 언제 어디에서나 지금 당장 자신의 참모습이 본래붓다라는 사실을 있는 그대로 잘 알고 확신할 수 있도록 끊임없이 학습·연마하는 수행입니다. 콩나물에 물 주듯이 지금 공부하고 있는 '붓다로 살자 발원문'을 투철하게 학습하고 연마하면 됩니다. 그렇게 하면 어떻게 될까요? 즉시 내면으로든 외면으로든 스스로 부족하고 불완전하다고 하는 결핍감으로부터 자유로워집니다. 동시에 거룩한 붓다, 신비한 깨달음, 심오한 삼매 등 신비한 무엇을 구하는 마음이 떨어져 나갑니다. 무지와 착각의 습관으로부터 자유로워집니다. 인간의 참모습이 더 구할 것 없는 본래붓다이므로 구함 없이 중도의 팔정도 사유 방식으로 생각하고 말하고 행위하게 됩니다. 그가 바로 붓다입니다. 《천수경》에서는 이를 "무위심내기비심(無爲心內起悲心), 아무 조건 없이 큰 자비심을 일으킨다."라고 했고,

《금강경》에서는 "응무소주 이생기심(應無所住而生其心), 어떤 선입견에도 구애 받음 없이 그 마음을 낸다."라고 했습니다.

다음은 본래붓다라는 확신을 토대로 원숭이처럼 날뛰는 마음을 길들이는 선정수행입니다. 언제 어디에서나 지금 당장 자신이 본래붓다로 온전하게 존재하도록 하는 수행입니다. 먼저 '붓다로 살자'에서 보는 선정은 팔정도 중의 하나입니다. 팔정도 중의 하나인 선정과 일반적으로 말하는 선정은 출발이 다릅니다. 팔정도를 여덟 개의 구슬로 이루어진 하나의 염주로 비유해봅시다. 팔정도 중의 하나인 바른 선정은 염주 중의 한 알입니다. 하나의 염주알을 들어 올리면 나머지 염주알도 다 따라 움직입니다. 마치 그물코 하나를 들어 올리면 나머지 그물코들이 함께 움직이듯이 바른 선정이 되려면 팔정도가 모두 함께 작동되어야 합니다. 팔정도 전체가 바탕이 된 선정만이 바로 보리수 아래에서 붓다가 이룬 바른 선정입니다. 반면에 팔정도와 분리된 선정, 팔정도가 바탕이 되지 않은 선정은 바른 선정이 아니고 삿된 선정입니다. 삿된 선정은 높은 경지에 이를 경우 대단한 신통력이 생기지만 붓다와는 정반대인 악마의 왕이 됩니다. 해탈열반의 삶과는 정반대로 오히려 무지와 탐욕의 삶이 더 왕성하게 됩니다. 신비하고 불가사의한 능력이 생길 수는 있지만 최고의 완성자, 거룩한 붓다의 삶과는 거리가 멀다는 사실을 명심해야 합니다.

불교 속담에 '노는 입에 염불한다.'는 말이 있습니다. 평소 이 격언을 생활화하는 것이 붓다로 살자 선정수행의 좋은 방법입니다. 가나오나 앉으나 서나 정신 바짝 차리고 본래붓다에 대한 확신으로 매 순간순간 지극정성을 다해 노는 입, 노는 마음, 노는 몸으로 죽을힘을 다해 구하는 마음 없이 간절하게 화두, 염불, 독경, 진언, 다라니, 명상, 위파사나 중에 자신에게 맞는 한 가지를 지극하게 실천합니다. 그렇게 하면 어떻게 될까요? 즉시 구하는 마음(바람) 없이, 무심으로 화두, 염불, 독경 등을 하는 청정한 사람, 즉 본래붓다로 온전히 빛나게 됩니다.

마지막으로 언제 어디에서나 자신의 참모습이 본래붓다라는 확신을 토대로 그 어떤 조건도 없이 뭇 생명을 이익케 하는 큰 자비의 계율수행입니다. 평소 사람들과 관계를 맺고 함께 삶을 살아가는 현장에서 아궁이의 나무가 잘 타도록 하는 부지깽이 노릇을 헌신적으로 실천하는 수행입니다. 부지깽이처럼 아무 조건 없이 다른 이들의 안락과 행복을 위해 기꺼이 헌신할 때, 비로소 나도 너도 함께 자유롭고 평화로워집니다. 왜 그렇게 될까요? 진리가 그러하기 때문이며, 인간이 그런 존재이기 때문입니다. 본래붓다라는 확신을 갖고 부지깽이처럼 아무 조건 없이 상대의 존재 가치가 온전하게 빛나도록 지극하게 존중,

배려, 감사하는 마음으로 실천하는 것을 동체대비라 하고, 동체 대비를 서원하는 것을 사홍서원(중생을 다 건지리. 번뇌를 다 끊으리. 법문을 다 배우리. 불도를 다 이루리)이라고 합니다. 정신 바짝 차리고 죽을힘을 다해 부지깽이 노릇을 하고 또 하면 실천한 만큼 동체대비행자인 본래붓다의 삶이, 사홍서원의 삶이 그 순간 바로바로 이루어집니다.

입도 마음도 몸도 그냥 놀리고 있으면 거의 100퍼센트 습관적으로, 본능적으로, 삶을 혼란스럽게 하는 산란한 원숭이처럼 제멋대로 날뜁니다. 원숭이처럼 삶을 혼란스럽게 하는 습관의 노예로 사는 것이 중생살이입니다. 정신 바짝 차리고 주체적으로 노는 입, 노는 마음, 노는 몸을 잘 써서 구하는 마음 없이 중도의 팔정도 사유 방식으로 계정혜 삼학을 부지런히 실천하면 실천하는 만큼 익숙해집니다. 날로날로 점점 무르익어지면 절로절로 여유롭고 편안하게 됩니다. 그 무엇도 더 구할 것 없이 절로절로 되는 삼학의 삶을 정각의 삶, 붓다의 삶이라고 합니다.

일상 속에서 본래붓다에 대한 이해와 확신이 작동하도록 끊임없이 학습하고 연마하는 지혜수행을 합니다. 가나오나 앉으나 서나 순간순간 지극정성을 다해 온전하게 붓다로 존재하도록 노는 입에 염불하는 선정수행을 합니다. 개인의 관심과 취향에 따라 다양한 방법으로 화두 참선을 할 수도 있고, 염불, 독경, 진언, 다라니, 위파사나, 명상 등을 할 수도 있겠지요.

사람과 관계할 때, 공동체와 함께할 때엔 부지깽이처럼 자비로운 마음으로 상대를 이익케 하는 자비로운 계율수행을 합니다. 이웃의 자유와 평화에 기여하는 만큼 나 자신이 아집으로부터 해방됩니다. 자연스럽게 더 넓은 세상과 만나게 되고 동시에 바로 자유롭고 평화로운 삶을 살게 됩니다. 부지깽이 노릇하는 삶은 부질없는 욕심을 자연스럽게 줄여 구하는 마음 없이 스스로 만족하는 단순 소박한 삶을 살도록 합니다. 조건 없이 상대를 위해 자애롭고 평화로운 마음으로 말과 행동을 하게 합니다. 스스로 정직하고 성실하게 제 역할을 하는 부지깽이처럼 일상을 살아가면 그 자체가 바로 함께 평화롭고 행복한 사람 붓다로 사는 길입니다.

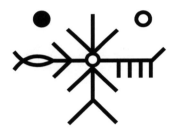

4장

21세기

시민붓다의

불교

중도로 본 본래붓다와
동체대비의 길

스스로
끊임없이
삶을
창조하는
주체적인
존재,
행위하는
대로
이루어지는
창조적인
존재가
지금 여기
내 생명입니다.

21세기 시민붓다
불교의 문제의식

위대한 상식의 발견자, 오래된 미래의 인간, 붓다를 말한다

인류 구원의 가르침으로 평가되는 불교 역사가 2700여 년입니다. 우리 민족의 희망으로 등장한 한국 불교 역사도 1700여 년입니다. 그런데 오늘 불교를 하고 있는 출가자와 재가자 대부분이 "불교는 너무 복잡하고 어렵다."고 하소연하곤 합니다. 20세기가 끝나고 21세기도 어느덧 20년이 흘렀습니다. 미래를 이끌어갈 젊은이들은 지금의 기성세대와는 전혀 다른 새로운 형의 인간들입니다. 기성세대가 그랬던 것처럼 불교가 이 친구들에게 복잡하고 어려워서 수십 년을 해도 알 수 없는 것으로, 삶과 별 상관없는 비현실적이고 고리타분한 것으로 비춰진다면 그 결과가 어떻게 될까요? 정법의 쇠퇴, 불교의 종말로 귀결될 것임은 불 보듯 뻔한 일입니다. 불교식으로 표현하면 불조 혜명의 단절, 정법 불교의 소멸을 뜻합니다. 매우 우울한 전망이지만, 우리 앞에 이미 닥친 위기라는 것을 부정하기 어렵습니다.

다른 한편으로 "불교는 21세기 과학 시대의 종교, 미래의 종교로 주목된다.", "불교야말로 21세기 구원의 종교임에 틀림없다.", "21세기는 2700년 불교사에서 불교가 빛날 수 있는 절호의 기회이다."라고 말하기도 합니다. 미국과 유럽 등 기독교 문명이 주류를 이루었던 나라에서 불교 바람이 부는 이유이기도 하고, 불교를 아끼는 뜻있는 불자들의 바람이기도 합니다. 기대와 바람이 저절로 이뤄질 수는 없습니다. 위기이기도 하고 기회이기도 한 이때에 중요한 것은 위기를 기회로, 기회를 도약으로 살려낼 수 있는 의지와 실력이 있는가입니다. 오늘 우리가 21세기 미래의 주체들에게 희망이 되는 불교를 제시해야 하는 중차대한 과제를 더 미루어서는 안 되는 이유이기도 합니다. 그 과제를 잘 풀어내면 불교의 미래는 희망찰 것이고, 그러지 못하면 최악의 우려가 현실이 될 터입니다.

　대체 어디에서 해답을 찾아야 할까요? 우리가 경험해온 불교 역사를 잘 짚어보는 데서 출발해야 합니다. 해인사 장경각 주련에는 불교가 이렇게 정리되어 있습니다. "붓다께서 일찍이 45(49)년 동안 무슨 법을 설했는가. 6천 권의 경전이 모두 다 오로지 방편(손가락, 약 처방)일 뿐이네." 붓다께서 펼친 중도·연기의 정법이 달을 가리키는 손가락 또는 병에 따른 약 처방이었다는 말입니다. 붓다에서부터 오늘에 이르기까지 정법의 등불을 전해온 무수한 출재가 선지식들 역시 한결같이 불교는 달을 가리키는 손가락, 병을 치유하는 약 처방이라고 이야기해 왔습니다. 2700여 년 동안 때와 장소의 변화에 따라 붓다가 발견하고 깨달은 중도·연기의 사유 방식이 새로운 손가락과 약 처방이 되어 여러 경전과 저술로 나타났습니다. 경전으로는《금강경》,《반야심경》,《밀린다왕문경》,《육조단경》, 저술로는《신심명》,《증도가》,《법성게》,〈십무익송〉 등을 대표적으로 들 수 있을 것입니다.

이러한 모든 경전과 저술들의 공통점은 교리화된 복잡한 불교 언어들이 별로 들어 있지 않다는 점입니다. 붓다가 발견하고 깨달은 중도·연기의 사유 방식을 충분히 잘 용해해 담았지만 가급적이면 기존의 불교 언어를 사용하지 않고 그 시대의 대중들이 잘 이해하고 사용할 수 있도록 대중의 생활 언어로 설명하고 있습니다.

굳이 기존의 불교 교리를 다 공부하지 않아도 크게 문제 될 것이 없습니다. 붓다가 발견하고 깨달은 중도·연기의 사유 방식을 녹여내어 새롭게 창조한 한 권의 경전이나 저술만으로도 자신의 참모습을 잘 알고 실천함으로써 괜찮은 삶을 살아가기에 충분합니다. 불교의 역사적 경험은 누구든 조금만 마음먹고 노력하면 복잡하고 어렵지 않게 불교를 통해 진리를 이해하고, 자유롭고 평화로운 삶을 살아갈 수 있음을 우리에게 분명히 말해줍니다. 중도·연기로 표현된 붓다와 선지식들의 사상과 정신을 잘 녹여내어 현대인들에게 잘 어울리는 21세기 손가락과 약처방의 불교를 새롭게 창조적으로 구성하여 제시해야 합니다. 불교인의 사명인 정법을 영원케 하기 위해.

지금 우리가 서 있는 21세기 현주소를 짚어봅시다. "종교 평화 없이 인류 평화 없다.", "죽음으로 남긴 20세기의 증언",

"문명의 위기와 종말", "생명 위기, 평화 위기의 시대", 20세기 백 년을 겪어온 인류의 지성들이 던진 화두들입니다. 지금까지의 과정과 결과도, 그 연장선에 있는 미래도 '반생명 비인간화의 생명평화 위기'의 짙은 먹구름이 휩쓸고 있음을 웅변하고 있습니다. 오늘 우리 불교가 선 현실이 이렇듯 엄중합니다.

"인생고해, 삼계화택"

붓다가 서 있던 현장도 그러하였습니다. 붓다의 일생은 비바람 불고 눈보라 치는 고통의 바다 현장 한복판에서 펼쳐졌습니다. 인생 화두인 자신의 참모습에 대한 참된 앎과 실천의 갑옷으로 무장하고 역사의 한복판을 당당하게 살아갔습니다. 열악한 조건 속에서 소탈하고 소박한 삶을 이어가면서, 그는 언제 어디서나 자유롭고 평화로웠습니다. 참으로 당당하고 아름다웠습니다. 붓다는 봐야 할 달인 자신의 참모습을 참되게 알고 실천하면 그 삶이 괜찮아 하고 구체적인 삶으로 보여준 사람입니다. 붓다는 오래된 미래의 길인 생명의 길, 평화의 길에 온 삶을 바친 사람입니다. 온 생애를 중도의 팔정도행으로 가득 채움으로써 삶 자체가 자유와 평화가 된 사람, 그가 바로 거룩한 인간 붓다, 역사의 붓다입니다. 그가 보여준 삶이야말로 예나 지금이나 인류 구원의 가르침입니다. 그러므로 우리는 다시 붓다의 삶으로 돌아가야 합니다.

오늘 우리에게, 아니 미래의 우리에겐 붓다가 삶으로 보여준 것처럼 아름답고 멋있는 불교가 필요합니다. 21세기 세계시민인 오늘의 주인공들은 오래된 미래의 삶을 살아간 붓다처럼 지금 바로 본인의 삶으로 살 수 있는 불교, 삶으로 보여줄 수 있는 불교, 누구나 바로 따라 할 수 있는 불교, 하기만 하면 즉시 효과를 볼 수 있는 단순 명쾌한 불교를 간절히 기다리고 있습니다. 하루빨리 저들의 바람에 부응하는 21세기 세계시민의 길이 될 불교를 제시해야 합니다. 오래된 미래의 그 길을 우리 모두의 희망으로 빚어내야 합니다. 불교의 미래뿐만 아니라 미래 주인공들의 운명, 미래 사회의 운명이 걸려 있는 매우 중요하고 절실한 과제입니다.

시민붓다의 불교

봐야 할 달인 지금 여기 자신의 참모습에 직결시키지 않는 한 손가락이요, 약 처방인 기존의 모든 불교 교리를 종횡으로 통달한다 할지라도 그것은 생명 없는 박물관 불교에 지나지 않습니다. 그러한 불교 지식은 자신의 참모습에 대한 무지와 착각의 병을 치유하는 약이 아니라 병을 덧나게 하는 독이 됩니다.

우리 주위의 적지 않은 불교인들이 우리가 실천해야 할 오래된 미래의 길인 중도의 길을 잃고 방황하고 있습니다. 불교 공부를 여실(如實), 있는 그대로의 길인 중도적으로 하지 못하는 오류에 빠져 있습니다. 대표적인 현상이 전통이라는 권위와 대중성이라는 시류에 사로잡혀 달을 보려고 하지 않고 손가락만 붙잡으려고 하는 양극단에 빠져 전도몽상의 불교를 하고 있는 것입니다.

또한 불교 교리를 병을 치유하는 약으로 사용하지 못하는 폐단도 적지 않습니다. 그 결과 "말에 의지하지 말고 뜻에 의지하라.", "사람에 의지하지 말고 법에 의지하라."고 하신 붓다의 뜻을 어기고 교리 공부의 감옥, 자기 견해만 옳다고 강변하는 아집과 독선의 감옥에 갇히게 되었습니다. 지역과 시대의 변화에 맞게 불교를 해석하고 창조하는 대신 삶을 왜곡시키는 복잡하고 어려운 전문 지식 위주의 불교, 생명력 없는 박물관 불교, 독이 되는 전도몽상 불교가 되고 말았습니다. 오늘날 세계 어느 곳의 불교이든 복잡하고 어렵고 혼란스러운 이유입니다.

너무 늦었습니다. 하루빨리 서둘러야 했습니다. 붓다의 본의에 맞는 오늘의 불교, 미래의 불교를 찾아야 했습니다. 이러한 고민의 과정에서 탄생한 것이 '21세기 시민붓다의 불교'입니다. 21세기 세계시민의 길인 '시민붓다의 불교'는 21세기를 사는 우리들의 인생 화두에 대한 응답입니다. 인생고의 근본 조건인 자신의 참모습(12연기, 사성제)에 대한 무지와 착각의 병을 참된 앎과 실천으로 치유하여 참 자유, 참 평화의 삶을 지금 여기에서 바로 살게 하는 불교입니다. 지금 바로 마음먹고 노력하면 붓다처럼 당장 삶으로 살 수 있고, 따라 할 수 있고 효과를 볼 수 있고 직접 보여줄 수 있는 그런 불교입니다.

붓다를 비롯한 역대 선지식들은 자신이 깨달은 존재의 참모습, 즉 봐야 할 달을 그림(○)으로 그리고, 그 이름을 일원상이라고 했습니다. 그 사상과 정신이 더 구체적으로 잘 담기고 드러나도록 하기 위해 현재 조계종단이 삼보륜(◉)으로 발전시켜 사용하고 있습니다.

그 삼보륜에 담겨 있는 사상과 정신을 21세기 범종교 시민 대중들이 함께할 수 있도록 하고자 일반화시켜 오늘의 언어로 설명하여 〈화엄생명평화경〉을 만들고 그림(240쪽 참고)으로 그려 '인드라망 무늬', '생명평화무늬'를 만들었습니다. '일원상'과

'삼보륜' 그리고 '생명평화경'과 '무늬'는 같은 내용이지만 때와 장소의 필요에 따라 응병여약의 정신으로 다르게 표현된 것입니다. 그 내용은 공통적으로 우리가 반드시 참되게 알고 실천해야 할 인생 화두인 자신의 참모습, 즉 봐야 할 달을 21세기 현실에 맞게 잘 드러낸 것입니다.

시민붓다 불교의 세계관

_ 있는 그대로를 확인할 뿐 주장하지 않는다 _

〈화엄생명평화경〉의 뜻과 이해

오래된 미래의 길인 〈생명평화경〉을 만들게 된 이유와 그 내용이 무엇인지를 간단히 설명하겠습니다. 돌이켜보면 인류 문명사는 온통 인간의 생존과 자족의 한계를 넘어 이기적 소유욕을 쫓는 분리·분열·대립·투쟁의 세월이었습니다. 자아·가족·민족·국가·종교·이념의 관점에서 편을 나누어 자유·정의·평화의 이름으로 상대방의 생명을 죽이고 평화를 파괴하며 질주해 온 것이 현대 문명입니다.

현대 문명이 끊임없이 인류의 바람을 짓밟고 생명 위기, 평화 위기의 자기모순을 확대 재생산하게 된 이유는 무엇일까요? 동양과 서양, 민족과 민족, 국가와 국가, 종교와 종교, 종교와 무

종교, 종교와 과학, 좌파와 우파, 진보와 보수 등 기존의 모든 벽을 넘어 범종교 시민 대중이 함께할 수 있는 참된 길은 어디에 있는 것일까요? 그동안 많은 성찰과 진단과 모색이 있었습니다. 생명평화에 대해 깊이 고민하는 뜻 높은 분들이 문제의 원인과 해법에 대해 다양한 견해를 제시하였습니다.

문제의 출발은 비중도적인 길, 즉 구체적 사실과 진실인 있는 그대로의 달, 즉 자신의 참모습을 있는 그대로 보지 않는 어리석음으로 삶을 다루어온 데서 비롯되었습니다. 관념, 양극단의 길인 자기 색안경의 단견으로 삶을 바라보고 살아온 때문입니다. 우리는 지식과 언어를 전도몽상, 즉 관념적[유명무실(有名無實)]으로 다루었을 뿐 중도, 실사구시(實事求是), 과학적 태도와 방법[유명유실(有名有實)]으로 다루지 않았습니다. 보라는 달은 보지 않고 달을 가리키는 손가락에 불과한 언어와 지식에 매몰되어 비중도적으로 살기 때문에 끝없는 왜곡과 혼란과 갈등이 확대 재생산되어 왔습니다.

중도의 사유 방식으로 관찰·사유해보면 지금 여기 직면한 자신의 참모습(연기·공)은 너와 나, 개인과 전체, 집단과 집단, 인간과 자연 등 모두가 그물의 그물코처럼 따로이면서 함께이고, 함께이면서 따로입니다. 마땅히 있는 그대로인 참모습대로 사고하고 말하고 행동해야 하는데 그렇게 하지 않고 있습니다. 참모습과는 관계없이 따로만을 고집하거나 함께만을 고집하는 관념으로 분리·분열·배제하는 양극단의 삶을 살고 있습니다. 늘 지금 여기 직면한 자신의 참모습대로 따로이면서 함께이고, 함께이면서 따로인 중도·연기의 삶을 온전하게 살지 못하고 있는 것입니다. 망설일 것 없이 지금 바로, 문제의 원인이 되고 있는 기존의 관념, 즉 전도몽상에 빠진 비중도적인 삶의 양식을 버리고, 색안경을 벗어야 합니다. 불교도들은 불교 언어와 지식을 도구로 쓸 줄 알아야 합니다. 그리고 지금 당장 중도, 실사구시, 과학적 태도와 방법으로 삶을, 지식과 언어를 다루어야 마땅합니다.

다른 하나는 양극단의 세계관입니다. 인류가 직면한 문제의 근저에 중도로 본 있는 그대로인 존재의 참모습에 근거하지 않는, 관념적인 유명무실한 그릇된 양극단의 세계관이 자리하고 있습니다. 누구나 함께해야 할 보편적 진리인 자신의 참모습에 근거하지 않는 유명무실한 이원론, 실체론의 세계관입니다. 현대인 대다수가 어느 한 측면과 부분을 절대화하거나 확대 왜곡시키는 관념적인 양극단의 세계관에 사로잡혀 살았습니다. 첫 단추를 잘못 꿴 상태에서는 다음 단추를 계속 잘못 꿸 수밖에 없습니다. 당연히 문제의 근본 원인인 그릇된 세계관을 버려야 할 터입니다.

문제를 탐구하는 과정에서 그 누구도 부정할 수 없는 엄연한 진실, 그 누구나 수긍하게 되는 구체적 진실, 즉 있는 그대로인 자신의 참모습(연기·공)에 근거한 유명유실의 올바른 세계관(보편적 세계관)을 확립하는 일이 문제를 해결하는 큰길임을 깨달았습니다. 동양과 서양, 민족과 민족, 국가와 국가, 종교와 종교, 종교와 과학, 좌파와 우파, 진보와 보수, 너와 나의 벽을 넘어 모두 함께할 수 있는 보편적 진리인 인드라망의 세계관이 필요했습니다.

《화엄경》의 〈입법계품(入法界品)〉에 나오는 53선지식과 '좋은 말씀이 바로 붓다의 말씀[선설불설(善說佛說)]'이라는 정신을 좋은 기준으로 삼았습니다. 이에 따라 불교, 기독교, 이슬람교, 힌두교, 천도교(동학), 원불교, 동양 철학, 서양 철학 등 자신의 참모습을 탐구한 공통적인 세계관, 현대 과학이 제시하고 있는 공통적인 세계관, 역사 경험에서 터득한 공통적인 세계관의 정신들을 전반적으로 반영했습니다. 구체적으로는 동체대비론을 확고히 펼친 불교의 세계관, 이웃을 내 몸처럼 사랑하라는 기독교의 세계관, 생명그물론으로는 현대 과학의 세계관, 인내천의 관점으로는 동학의 세계관까지 담고자 하였습니다.

이렇게 동서고금을 막론하고 존재의 참모습에 일치되는 보편적이고 공통적인 모든 세계관을 함축해서 만든 것이 바로 〈생명평화경〉입니다.〈생명평화경〉은 여러 진리의 말씀 가운데《화엄경》을 가장 많이 참고하였습니다. 그 내용을 한마디로 간추리면 겹겹이 무궁무진한 관계로 이루어지는 중중무진연기(重重無盡緣起)의 세계관과 동체대비행(사홍서원)이라고 할 수 있습니다. 본래 세계는 겹겹으로 무궁무진하게 서로 관계 맺어서 존재합니다. 따라서 본래 한 몸의 손과 발, 즉 불일불이(不一不二)의 공동체 생명임을 사실대로 알고 그 정신에 일치하도록 삶을 살아야 합니다. 불교 전통에서는 존재의 참모습을 사실대로 아는 것을 지혜, 즉 '위로 깨달음을 구함[上求菩提]'이라고 하고, 그 정신에 일치하도록 실천하는 것을 자비, 즉 '아래로 중생을 교화(자비)함[下化衆生]'이라고 합니다.

일부 초기 불교론자들은《화엄경》을 힌두화된 불교라고 비판합니다. 실제 그렇게 오해하도록 만드는 요소들이 없지 않습니다. 하지만 일부 초기 불교론자들이 가지고 있는 화엄에 대한 부정적 견해는《화엄경》을 제대로 보지 않았기 때문에 생기는 측면이 큽니다. 실제는 초기불교의 세계관과 대승불교의 세계관이 대부분은 같고 조금은 다릅니다. 굳이 다름을 찾는다면 초기 경전은 연기법을 평면적으로 또는 인간에 맞추어 설명하는 데 반해《화엄경》은 연기법을 인격화시켜 입체적으로 또는 범우주적으로 설명하고 있을 뿐입니다. 차이는 그 이상도 그 이하도 아닙니다.

초기 경전에서는 매우 평면적으로 "이것과 저것이 서로 의지해서 존재한다."고 합니다. 《화엄경》에서는 매우 총체적이고 입체적으로 비로자나불을 비롯한 수없이 많은 붓다, 보살, 천왕, 신 등으로 인격화시켜 화엄의 세계관과 실천론을 묘사합니다. 또한 넓음, 좁음, 본질, 현상, 동질, 이질, 과거, 현재, 미래, 부분, 전체 등 10가지의 상호 관계로 설명합니다. 훨씬 복잡하기도 하고 풍부하기도 합니다. 괜한 편견과 오해를 불식시키기 위해 화엄 사상가들이 드러낸 전통적 견해를 토대로 설명을 좀 더 해보겠습니다.

화엄 사상가들은 화엄의 핵심 철학을 한마디로 그물망처럼 겹겹이 무궁무진한 관계로 이루어지는 '관계의 진리'라고 했습니다. 온통 붓다 가르침의 핵심인 연기법을 설하고 있을 뿐 연기법이 아닌 내용이 없다는 말입니다. 화엄 사상가들의 견해에 따르면 《화엄경》이야말로 존재(오온)의 참모습에 근거한 보편적 진리의 세계관인 연기법을 가장 깊고 풍부하게 설파한 경전입니다. 어떤 의미에선 연기법의 사상과 정신이 《화엄경》에 와서 더욱 깊고 풍부하게 잘 설명되었습니다. 연기법의 사유 방식을 최고의 수준으로 끌어올린 것입니다.

'화엄의 세계관'으로 보면 세계는 본래 그물의 그물코처럼 불일불이한 생명 공동체입니다. 낱낱 존재들도 본래 불일불이한 공동체 존재입니다. 세계가 마치 살아 있는 하나의 그물이라면 낱낱 존재들은 그물의 그물코와 같은 격입니다. 대표적인 불교 또는 화엄 사상가들에 의해 설해진 불교 세계관 또는 화엄 철학을 음미해보면, 화엄 사상이 '인드라망 공동체 세계관'임을 이해하는 데 도움이 될 것입니다.

"하늘과 땅은 나와 더불어 한 뿌리요, 우주는 나와 더불어 한 몸이네."

_승조(僧肇)

"움직이지도 고요하지도 않기 때문에 삶과 죽음 그대로 열반이 되고 열반 그대로 삶과 죽음이 되며, 하나도 여럿도 아니기 때문에 하나의 존재가 그대로 일체의 존재가 되고 일체의 존재가 그대로 하나의 존재가 된다."

_원효(元曉)

"먼지 하나에 온 우주가 함께하고 모든 먼지들도 또한 이와 같네. 영원한 시간이 그대로 한순간이요, 한순간이 그대로 영원한 시간이네."

_의상(義湘)

"낱낱들이 모여 전체를 이루고(전체의 모습) 전체이지만 낱낱

들이며(개별의 모습) 낱낱이지만 서로 함께하고(같음의 모습)

함께하지만 서로 다르며(다름의 모습) 다르지만 서로를 성립

하고(성립의 모습) 성립하지만 서로를 해체하네(해체의 모습).

_ 현수 법장(賢首 法藏)

화엄 사상가들은 일찍이 세계의 참모습(연기·공)이 영원한 생명 그물임을 탁월하게 설명하였습니다. 화엄 세계관은 세계 또는 존재가 본래부터 불일불이의 공동체임을 또렷하게 보여주고 있습니다. 우주의 존재 법칙인 이 사실은 언제 어디 누구에게나 두루 적용되는 오래된 미래의 보편적 진리임을 뚜렷이 밝히고 있습니다.

예를 들어, 여기 우리가 봐야 할 달인 한 송이 백합꽃이 있습니다. 이 꽃은 우주가 두루 어울려 빚은 것입니다. 한 송이 꽃이 피어나려면 온 우주가 다 참여해야 합니다. 시간, 공간, 내면, 외면, 정신, 물질, 인간, 자연 등이 두루두루 함께 어울려 꽃이 피어납니다. 꽃이 곧 우주요, 우주가 곧 꽃입니다. 꽃이 피어나기 위한 여러 조건들의 상호 관계가 대단히 오묘합니다. 그 상호 관계들이 상하 전후좌우로 겹겹이고 무궁무진합니다.

참으로 불가사의합니다. 크게 봐도 그렇고 작게 봐도 그렇

습니다. 부분으로 봐도 그렇고 전체로 봐도 그렇습니다. 안으로 봐도 그렇고 밖으로 봐도 그렇습니다. 정신적으로도 물질적으로도 마찬가지입니다. 분리 고정된 우리들의 관념적 사고로는 존재의 참모습(연기·공)을 사실대로 이해하기 어렵습니다. 불완전한 도구인 언어로는 참모습을 있는 그대로 표현할 수 없습니다. 어쩔 수 없이 오묘하다, 신비하다, 불가사의하다, 언어의 길, 마음의 길이 끊어졌다고 표현합니다. 옛 어른들이 뛰어난 통찰의 지혜로 밝혀낸 존재의 참모습과 법칙을 현대 과학은 '생명그물'이라는 개념으로 훨씬 더 명료하게 잘 설명하고 있습니다.

이해하는 데 도움 되도록 하기 위해 화엄의 세계관을 대승불교 실천론과 연결시켜 보겠습니다. 대승불교인들은 '본래붓다'의 삶을 완성적으로 실천하는 길을 '상구보리하화중생(上求菩提下化衆生)'이라고 하였습니다. 일반적으로 위로 깨달음을 구함은 자리(自利), 아래로 자비를 실천함은 이타(利他)라고 합니다. 그리고 무엇이 더 중요한가, 무엇이 더 먼저인가를 갖고 논란하는데, 참모습의 내용은 그렇지 않습니다. 오히려 여래십호 가운데 하나인 앎과 실천이 구족함(明行足), 즉 머리로 존재의 참모습인 인드라망 세계관을 확립하고(上求菩提), 손발로 그 정신인 동체대비(사홍서원)를 전심전력으로 실천하는 것(下化衆生)을 뜻합니다.

존재(오온)의 참모습으로 보면 '상구보리하화중생'의 문제는 자리가 먼저냐, 이타가 먼저냐 그리고 무엇이 더 중요한가 하는 문제가 아닙니다. 위로 존재의 참모습(연기·공)을 사실대로 참되게 알고(上求菩提) 아래로 그 진리에 맞게 제대로 자비를 실천(下化衆生)하는가 하지 않는가의 문제입니다. 존재의 참모습, 즉 자기 정체성을 제대로 알고 그 정체성에 충실하게 실천(明行足)하면 자리이타, 곧 자아 완성과 사회 완성이 동시에 실현되는 것입니다.

지금 여기 나는 자연, 이웃, 부모에 의지하고 도움을 받아 살고 있습니다. 온통 상대에 의지하여 살고 있습니다. 상대에 의지하여 살아가는 자기 정체성의 정신으로 보면 나를 낮추고 비우고 나누는 삶을 살아야 마땅합니다. 그런가 하면 나를 살아 있게 하는 자연, 이웃, 부모 등 상대들은 나에게 너무나 거룩하고 고마운 존재들입니다. 내 생명의 모체요, 원천이요, 고향이요, 어버이입니다. 자기 정체성의 정신으로 볼 때 마땅히 그 개성과 가치를 존중하고 배려하고 감사하며 살아야 할 터입니다. 진정성을 가지고 조건 없이 참모습의 진리대로 낮추고 비우고 나누고 존중하고 배려하고 감사하면 저절로 완성된 삶이 이루어집니다. 나와 남이 함께 화목하고 평화롭습니다. 자아 완성과 사회 완성이 동시에 실현됩니다.

문제는 얼마나 진정성을 가지고 실천하는가입니다. 존재의 참모습이 불가사의하다고 하는 표현은 결코 과장이 아닙니다. 여기 목말라 죽어가는 사람에게 시원한 물 한 그릇을 주었습니다. 즉시 죽어가던 사람이 바로 살아났습니다. 죽어가던 사람은 바로 살아나고, 물을 준 사람은 바로 붓다행을 하는 사람이 되었습니다. 실제 그 작용은 참으로 오묘합니다. 그야말로 기적입니다.

생명을 살리고 붓다 되는 일보다 더 거룩하고 위대한 일은 없습니다. 그 어떤 조건도 없이 고통받는 생명을 살려내는 자비행이 바로 붓다행입니다. 누구나 할 것 없이 붓다행을 하면 바로 붓다입니다. 그보다 더한 신비와 기적은 그 어디에도 있지 않습니다. 더 정확하게 사실을 말한다면 일상의 존재(오온) 자체가 불가사의, 기적, 신비입니다. 구체적 실제가 그러한데도 우리들은 일상에서 드러나는 신비에 대해 전혀 알지 못합니다. 전생을 본다, 미래를 예언한다, 신비한 삼매 체험을 한다, 물 위를 걷는다 등 이상한 능력을 발휘해야 불가사의하다, 기적이다, 신비하다고 합니다.

너나없이 자신의 참모습(연기·공)에 대한 무지와 왜곡된 이해와 인식에 길들여져 있습니다. 너무나 잘못된 길을 멀리 왔습니다. 늘 눈앞에서 신비한 기적이 일어나고 있는데도, 불가사의한 현상이 항상 펼쳐지고 있는데도 그 참모습을 알지 못하고 엉

뚱한 곳에서 신비와 기적을 찾아 헤매고 있습니다. 평범한 일상에서 불가사의한 신비가, 거룩한 기적이 늘 펼쳐지고 있는데도 그 참모습을 알지 못하고 뭔가 이상하고 특별한 것만 신비요, 기적이라고 생각하는 무지와 어리석음에 빠져 헤매고 있습니다. 소위 《반야심경》에서 말하는 전도몽상의 삶을 살고 있는 것입니다. 더 늦기 전에 바른길을 찾아야 합니다. 인생을 제대로 알고 살아야 합니다. 그렇게 하려면 '인드라망 무늬'로 형상화된 〈생명평화경〉을 곰곰이 사유 음미해야 합니다. 인생이란 무엇인가, 어떻게 살아야 괜찮은가에 대한 길이 저절로 눈앞에 환하게 드러납니다.

화엄생명평화경

나는 다음과 같이 들었습니다. 눈 내리는 한밤중에 진리의 스승
께서 말씀하셨습니다.

생명평화 벗들이여!
생명평화 길의 근본이 되는 존재의 참모습인 상호 의존성, 상호
변화성의 우주 진리를 설명하리니 그대들은 귀 기울여 잘 듣고,
깊이 사유 음미하십시오.
이것이 있음을 조건으로 저것이 있게 되고, 저것이 있음을 조건
으로 이것이 있게 되며, 이것이 없음을 조건으로 저것이 없게 되
고, 저것이 없음을 조건으로 이것이 없게 됩니다. 존재의 참모습
인 상호 의존성, 상호 변화성의 조건을 따라 생성, 소멸, 순환하
는 우주의 진리인 이 사실은, 과거에도 그러했고, 현재에도 그러
하며, 미래에도 그러합니다.

생명평화 벗들이여!
자연은 뭇 생명의 의지처이고, 뭇 생명은 자연에 의지하여 살아
가는 공동체 존재입니다.

이웃 나라는 우리나라의 의지처이고, 우리나라는 이웃 나라에 의지하여 살아가는 국가 공동체입니다.

이웃 종교는 우리 종교의 의지처이고, 우리 종교는 이웃 종교에 의지하여 살아가는 종교 공동체입니다.

이웃 마을은 우리 마을의 의지처이고, 우리 마을은 이웃 마을에 의지하여 살아가는 고향 공동체입니다.

이웃 가족은 우리 가족의 의지처이고, 우리 가족은 이웃 가족에 의지하여 살아가는 가족 공동체입니다.

그대는 내 생명의 어버이시고 나는 그대에 의지하여 살아가는 공동체 생명입니다.

진리의 존재인 뭇 생명은 진리의 길을 걸을 때 비로소 평화로워지고 행복해지나니, 그대들은 깊이 사유 음미하여 실행하십시오.

생명평화 벗들이여!

서로 의지하고 변화하며 존재하는 생명의 진리는 우리 모두의 영원한 길이니, 지금 진리의 길에 눈뜨는 달관과 진리의 길에 어울리는 자족의 삶을 살아야 합니다.

생명의 고향인 자연을 병들게 하는 진리를 외면한 인간 중심의 이기적 삶을 버리고, 우주 자연을 뭇 생명의 붓다로 대하는 달관과 자족의 삶을 사십시오.

우리나라의 의지처인 이웃 나라를 불안하게 하는, 진리를 외면한 내 나라 중심의 이기적 삶을 버리고, 이웃 나라를 내 나라의 붓다로 대하는 달관과 자족의 삶을 사십시오.

우리 종교의 의지처인 이웃 종교를 불안하게 하는, 진리를 외면한 내 종교 중심의 이기적 삶을 버리고, 이웃 종교를 내 종교의 붓다로 대하는 달관과 자족의 삶을 사십시오.

우리 마을의 의지처인 이웃 마을을 불안하게 하는, 진리를 외면한 내 마을 중심의 이기적 삶을 버리고, 이웃 마을을 우리 마을의 붓다로 대하는 달관과 자족의 삶을 사십시오.

우리 가족의 의지처인 이웃 가족을 불안하게 하는, 진리를 외면한 내 가족 중심의 이기적 삶을 버리고, 이웃 가족을 내 가족의 붓다로 대하는 달관과 자족의 삶을 사십시오.

내 삶의 의지처인 상대를 불안하게 하는, 진리를 외면한 자기중심의 이기적 삶을 버리고, 상대를 내 삶의 붓다로 대하는 달관과 자족의 삶을 사십시오.

뭇 생명의 의지처인 우주 자연과
내 나라의 의지처인 이웃 나라와
내 종교의 의지처인 이웃 종교와
내 마을의 의지처인 이웃 마을과

내 가족의 의지처인 이웃 가족과

내 자신의 의지처인 그대 참모습의

개성과 가치의 존귀함과 고마움과 소중함에 대하여 지극히 겸허한 마음으로 존중하고 감사하고 찬탄하는 달관과 자족의 삶을 사십시오.

존재의 참모습인 진리란 상호 의존성과 변화성을 뜻할 뿐 그 밖의 다른 것이 아니므로, 지금 여기에서 누구나 바로 이해하고 실현하고 증명되도록 해야 합니다.

진리의 길은 현재의 삶을 진지하게 성찰할 때 그 참모습이 드러나고, 진리의 서원을 세울 때 생명평화의 삶이 실현되나니 항상 깨어 있도록 하십시오.

〈생명평화경〉은 지금 여기 너와 나의 삶의 참모습을 비추어보는 거울이니, 항상 잘 받아 지니고 기억하여 어긋나지 않도록 창조적으로 잘 응용해야 합니다.

거룩하십니다.

진리의 스승이시여!

진리의 가르침을

귀 기울여 잘 듣겠나이다.

깊이 사유 음미하겠나이다.

온몸과 마음을 다해 실행하겠나이다.

생명평화무늬 이야기

우리는 기본적으로, 지금 여기 나와 사회 그리고 세계는 어떻게 이루어진 존재인가? 어떻게 존재하고 있는가? 어떻게 존재해야 하는가? 하는 보편적 물음에 늘상 직면합니다. 바꾸어 말하면 나는 누구인가? 왜 살아야 하는가? 어떻게 살아야 하는가? 하는 원초적 물음을 안고 살아갑니다. 이와 같이 지금 여기 내 삶(존재)의 실상에 대한 근원적 물음을 불교에서는 인생 화두라고 합니다. 화두란 우리 삶에서 그 무엇보다 우선하는 가장 현실적이고 궁극적인 중요성을 갖는 절체절명의 과제를 뜻합니다.

지금 여기 내 삶의 실상에 대한 올바른 파악과 이해가 왜 그렇게 절실하고 중요한가요? 이유는 간단합니다. 삶의 실상을 잘 파악하고 이해하는 것은 바로 내 삶의 올바른 방향과 길을 확립하는 일이기 때문입니다. 원효는 "삶의 방향과 길을 제대로 알고 살아가는 것은 쌀을 쪄서 밥을 짓는 것처럼 지혜로운 길이고, 삶의 방향과 길을 모르는 채 살아가는 것은 모래를 쪄서 밥을 지으려는 것처럼 어리석은 길이다."라고 했습니다. 삶의 올바른 방향과 길을 따라 걸어가면 가는 만큼 삶의 문제가 풀리고 우리의 바람이 실현되지만, 그릇된 삶의 방향과 길을 따라 걸어가면 걸어갈수록 문제가 꼬이고 우리의 바람과는 점점 더 멀어지게 된다는 뜻입니다. 인생의 행불행을 좌우하는 일이기 때문에 삶의 방향과 길을 올바르게 확립하는 일이 그 어떤 일보다도 중요한 일이라는 사실은 의심의 여지가 없습니다.

결론적으로 말해 인생의 화두를 잘 붙잡고 살아야만 어떤 삶의 조건에서도 붓다와 예수처럼 자리이타, 즉 자기 완성과 사회 완성을 실현하는 삶을 살게 되며 또한 행복한 삶을 살게 됩니다. 반면 인생의 화두를 놓치고 살면 아무리 심산유곡에 들어가 도를 닦아도 또 다른 모순과 혼란에 빠져 헤매게 되는 헛수고의 인생, 허무하고 불행한 인생이 되고 맙니다. 당장은 잘 느낄 수 없지만 삶의 방향과 길을 모르고 살아가는 것은 그 내용과 결과로 볼 때 실로 두렵고도 두려운 일이 아닐 수 없습니다.

그러므로 우리는 서둘러서 지금 바로 붙잡고 가야 할 인생의 화두인 지금 여기 내 삶의 참모습에 대해 따져보고 또 따져보아야 마땅합니다. 그런 의미에서 인생의 화두인 삶의 참모습에 대한 보편적이고 근원적인 물음들을 범주화시켜 보겠습니다.

첫 번째 물음입니다.

국가·종교·이념·정의·불의·선함·악함 따위의 인위적 관념에 오염되기 이전의 본래 청정한 지금 여기 나는, 그리고 사회와 세계는 어떻게 이루어진 존재인가, 어떻게 존재하고 있는가, 어떻게 존재해야 하는가?

두 번째 물음입니다.

국가·종교·이념·정의·불의·선함·악함 따위의 인위적 관념이 만들어지고 그에 오염된 이후의 지금 여기 나는, 그리고 사회와 세계는 어떻게 이루어져 있는가, 어떻게 존재하고 있는가, 어떻게 존재해야 하는가?

세 번째 물음입니다.

인위적 관념이 만들어지기 이전의 나, 사회, 세계의 실상과 인위적 관념이 만들어진 이후의 나, 사회, 세계의 실상이 서로 함께 있는 상태의 지금 여기 나는, 그리고 사회와 세계는 그 실상이 어떻게 이루어져 있는가, 어떻게 존재하고 있는가, 어떻게 존재해야 하는가?

위의 세 가지 물음에 대한 해답으로 제시된 것이 총체적 관계의 진리(중중무진연기법)인 불일불이의 인드라망 세계관과 철학이고, 그것을 형상화시킨 것이 생명평화무늬(240쪽 그림)입니다. 먼저 무늬의 제일 아래쪽이 지금 여기 나(인간)입니다. 오른쪽이 네발 달린 짐승이고, 왼쪽이 날짐승과 물짐승입니다. 사람 머리 위쪽이 나무·숲·식물이고, 붉은 원형은 해, 하얀 원형은 달입니다. 인간이 의도적으로 만들어낸 관념에 물들기 이전의 본래 청정한 우주 삼라만상의 인간과 사회, 그리고 인위적 관념에 물든 이후의 우주 삼라만상의 인간과 사회가 그물코처럼 불일불이의 총체적 관계로 존재하고 있음을 단순화시켜 표현했습니다.

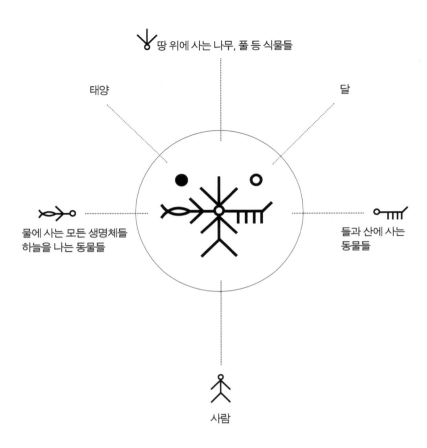

땅 위에 사는 나무, 풀 등 식물들

태양

달

물에 사는 모든 생명체들
하늘을 나는 동물들

들과 산에 사는
동물들

사람

생명평화무늬는 우리 모두의 인생 화두인 지금 여기 나의 참모습에 대한 일반적인
그림 설명입니다. 불교적으로는 인드라망 무늬, 조계종단은 삼보륜, 원불교는 일
원상, 일반 대중은 생명평화무늬라고 합니다. 그물의 그물코들처럼 연기적으로 이
뤄진 존재이기에 분리독립, 고정불변한 그 무엇도 있지 않고 온통 관계와 변화로
존재한다는 의미입니다.

〈생명평화무늬〉

① 일원상 : 일찍이 붓다와 성자 그리고 선사들께서 인간(본인)이 자기 생각으로 판단하고 규정하기 이전의 본래 나의 참모습, 너의 참모습, 세계의 참모습, 즉 있는 그대로의 보편적 진리를 참되게 알고(깨달음) 그 내용을 원(○)으로 형상화한 것입니다. 불교적으로 말하면 보편적 진리인 본래 자신의 참모습에 대한 인간의 무명(무지)이 작동하기 이전 상태, 기독교적으로 말하면 인간의 원죄가 작동하기 이전 상태, 즉 시간적으로, 공간적으로 누구에게나 적용되는 보편적 진리를 있는 그대로 형상화한 것입니다. 현재는 원불교가 원불교 정신을 나타내는 상징으로 사용하고 있습니다.

② 삼보륜 : 인간이 자기 생각으로 판단하고 규정하기 이전의 나의, 너의, 세계의 본래 참모습인 보편적 진리를 나타낸 원(○)의

정신을 불교적으로 구체화한 것이 현재 조계종에서 사용하고 있는 삼보륜입니다. 내용을 보면 원(〇)으로 표현되고 있는 보편적 진리를 있는 그대로 잘 알고 그 앎을 온전하게 삶으로 완성시킨 사람인 붓다, 보편적 진리의 길을 실제 상황에 잘 적용(병에 따라 약을 쓰듯이 함)할 수 있도록 잘 설명한 붓다의 가르침, 진리의 가르침을 따라 해탈 열반의 삶과 그 삶을 온전히 살 수 있는 좋은 세상을 만들기 위해 참되게 알아낸(깨달음) 보편적 진리를 실천하는 수행 공동체인 승가, 즉 삼보를 형상화한 것입니다.

③ 인드라망 무늬 : 21세기에 접어들어 지리산 생명평화 운동을 펼칠 때 보편적 진리를 나타내는 원(〇)과 삼보륜의 정신을 범종교 시민 대중이 누구나 함께할 수 있도록 일반화시켜 만들고 사용해왔습니다. 현재 불교시민단체인 인드라망생명

공동체는 온 우주 유형무형의 모든 것들이 그물의 그물코처럼 연결되어 있음을 나타내는《화엄경》의 가르침을 따라 '인드라망 무늬'라고 부르고 있습니다.

첨단 과학의 미래 사회도 그물코들처럼 초연결 사회로 진화한다고 합니다. 같은 맥락으로 볼 때 '기독교의 원수를 사랑하라', '동학의 인내천', '증산의 해원상생', '장회익의 온생명', '현대 과학의 생명그물' 등 여러 종교의 가르침과 현대 과학의 내용 그리고 역사 경험도 같은 뜻으로 해석할 수 있지 않을까 합니다.

④ 다양한 표현들

- 우주의 보편적 진리를 불교적으로는 '연기·공, 일심동체, 법성원융, 유아독존, 즉심즉불, 본래붓다, 본래면목, 한 몸한 생명'이라고 합니다.

- 있는 그대로를 확인해보면 온 우주의 우리 모두는 그물의 그물코처럼 운명적으로 함께 살아야 할 공동운명체이므로

분리시키고 제거해야 할 적이란 우리의 관념이 만들어낸 것일 뿐 실제로는 본래 있지 않습니다.

- 따라서 보편적 진리의 내용을 각 단위에 적용하면 열린 '가족 공동체', '국가 공동체', '종교 공동체', '지구촌 공동체', '우주 공동체'라고 표현할 수 있습니다. 공동체란 서로 의지하고 나누고 도우며 함께 살아야 하는 가족들의 모임이며 우리 모두 함께 온 힘을 다하여 가야 할 길임이 분명합니다.

시민붓다 불교의 실천론

〈생명평화 백대서원 절명상〉의 뜻과 방법

백대서원은 수행과 삶, 즉 삶이 수행이 되고 수행이 삶이 되도록 하는 바른길을 제시한 것입니다. 그 내용은 일원상과 삼보륜, 생명평화경과 무늬를 통해 말하고자 하는 것을 실제 일상의 삶에 적용할 수 있도록 백 개의 문장으로 나누어 표현했습니다. 이는 21세기 세계시민들이 살아야 할 오래된 미래의 길입니다.

우리 모두의 보편적 염원인 자유롭고 평화로운 삶을 가꾸기 위해서는 기본적으로 먼저 두 가지를 갖추어야 합니다.

첫째, 자신의 참모습(연기·공)에 근거한 자기 정체성을 확립해야 합니다. 나는 누구인가? 그물의 그물코처럼 온 우주의 참여로 이루어진 진리의 존재, 스스로 삶을 창조하는 존재, 조건에 따라 끊임없이 변화하는 존재, 우주가 곧 나이고 내가 곧 우주이므로 무한히 확대되고 영원히 지속되는 존재입니다.

둘째, 지금 여기 직면한 자신의 참모습(연기·공)에 대해 늘 지혜롭게 깨어 흔들림 없는 평정을 유지해야 합니다. 생명의 참모습을 항상 자각하여 어떤 상황에서도 흔들리지 않을 수 있는 침착함, 편안함, 유연함, 여유로움을 갖춰야 합니다.

이 두 가지 요건을 충족시키기 위해 〈생명평화 백대서원 절명상〉을 하는 것입니다.

먼저 제목에 대한 설명입니다.

① 생명에 대하여

언어를 중도적으로 다루려면 놓쳐서는 안 될 일이 있습니다. 언제나 말에 속거나 말에 사로잡혀 쩔쩔매고 있지 않은지를 진지하게 살펴봐야 합니다. 예를 들어봅시다. '토끼뿔', '돌멩이'라는 말이 있습니다. 두 개념을 중도, 있는 그대로 다루지 않고 개념으로 또는 관념적으로 다루면 어찌 될까요? 끝없는 논쟁과 혼란에 빠집니다. 중도, 있는 그대로 다루면 어찌 될까요? '토끼뿔'은 생각을 개념화한 것이기 때문에 생각과 말로만 있고 실제는 없습니다. '돌멩이'는 실제 있는 것을 개념화한 것이기 때문에 말처럼 실제도 있습니다. 당연히 더 이상의 논쟁과 혼란에 빠질 이유가 없어집니다. 돌이라는 말이 돌이라는 물건을 대상으로 만들어졌듯이 마찬가지로 생명이라는 말도 분명하게 그 대상이 있습니다. 항상 정확하게 그 대상과 직결시켜 보아야 합니다. 그래야만 생명이라는 말이 구체적으로 어디의 무엇을 지칭하고 있는지가 확실해집니다. 생명이라고 하는 말은 일단 지금 여기 구체적 사실로 생생하게 살아 활동하고 있는 네 생명과 내 생명을 뜻합니다.

일반적으로 내 생명은 내 안에 따로 있고, 네 생명은 네 안에 따로 있는 것으로 믿고 있습니다. 내 생명과 네 생명에 대한 자신의 지식과 믿음에 대해 의심하지 않습니다. 당연히 그렇다고 여기기 때문에 진지하게 따져보지도 않습니다. 참으로 자신의 지식과 믿음처럼 내 생명은 내 안에, 네 생명은 네 안에 따로 떨어져 있는 것일까요?

자신의 참모습을 있는 그대로 확인하고 또 확인해보아도 내 안에 따로 있는 내 생명, 네 안에 따로 있는 네 생명은 있지 않습니다. 내 밖에 따로 있는 내 생명, 네 밖에 따로 있는 네 생명도 찾을 수 없습니다. 한 번도 의심하지 않았던 내 생명에 대한 자신의 지식과 믿음이 아무런 사실적 근거가 없는 생각과 말로만 있는 '토끼뿔' 같은 허구(유명무실)임을 부정할 수 없습니다. 철석같이 확신해온 자신의 지식과 믿음이 실제 생명의 참모습과는 전혀 무관하게 관념적으로 다루어지고 있음이 확실합니다. 내 생명이 내 안에 따로 있다는 우리들의 지식과 믿음은 그야말로 구체적 생명과는 무관한 관념, 즉 생각과 말일 뿐인 '토끼뿔'을 사실로 단정하는 단견(유명무실)입니다. 놀랍게도 네 생명이 네 안에 따로 있다는 너와 나의 지식과 믿음도 구체적인 실제 생명과는 천리만리 동떨어진 그야말로 생각과 말일 뿐, 그런 생명은 있지 않습니다.

지금 여기 내 생명의 참모습(연기·공)을 형상화시킨 '생명평화무늬' 가운데 구체적으로 아득히 저 멀리 있는 태양을 예로 짚어보겠습니다. 이 세상 그 누구도 예외 없이 태양이라는 대상에 의지해야만 본인의 생명이 만들어지고 삶이 가능합니다. 태양이라는 대상을 떠나서는 본인의 생명이 만들어질 수도 없고 살아갈 수도 없습니다.

내 생명처럼 네 생명의 경우도 그렇습니다. 아무리 살펴보아도 대상과 분리독립되어 나 홀로 있는 내 생명이란 어떤 형태로도 존재하지 않습니다.

태양과의 관계처럼 산, 숲, 들, 강, 동물, 생물, 무생물, 사회, 이웃, 부모, 너 등 여타의 모든 관계들도 마찬가지입니다. 내 생명처럼 네 생명 또한 마찬가지입니다. 전후좌우, 상하, 내외로 찾고 또 찾아보아도 분리독립, 고정불변한 내 생명과 네 생명의 실체는 그 어디에도 보이지 않습니다. 내 안에 있다고도 내 밖에 있다고도 말할 수 없습니다. 어디까지가 내 생명이고, 어디까지가 내 생명이 아닌지 한계를 찾을 수 없습니다.

굳이 비유하자면 그물의 그물코처럼 또는 흐르는 강물처럼 존재한다고 하겠습니다. 그물코 또는 강물은 상하, 좌우, 내외의 총체적 관계에 따라 스스로 활동하는, 흐름으로 존재합니다. 그물코로 활동하게 하고, 강물로 흐르게 하는 그 누구 그 무엇도 따로 있지 않습니다. 총체적 관계의 조건에 따라 스스로 흘러가고 존재합니다. 지금 여기 내 생명도 그물코 또는 강물처럼 총체적 관계의 조건에 따라 스스로 생성, 소멸, 순환하고 있습니다.

실로 생명의 참모습은 불가사의합니다. 생명의 참모습을 어떻게 설명하고 표현해야 할지 아득합니다. 말이 가진 한계, 언어의 위험성을 실감하게 됩니다. 비록 그렇다 하더라도 말을 떠나 살 수 없음도 엄연한 현실입니다. 어쩔 수 없이 말을 쓸 수밖에 없는 것이 인간의 운명이기도 합니다. 그러므로 언어를 잘 알고 잘 다루어 쑥떡같이 말해도 찰떡같이 알아듣고 사용해야 합니다. 그렇게 하면 언어가 약이 되고 삶의 기적을 이루어냅니다. 잘 살피고 살필 일입니다.

지금까지 내 생명의 참모습(연기·공)에 대해 중도적으로 다룬 내용을 간추려 보겠습니다.

첫째, 생명이란?

- 그물의 그물코처럼 온 우주가 참여하는 총체적이고 입체적인 관계로 이루어진 존재가 지금 여기 내 생명입니다.
- 스스로 끊임없이 삶을 창조하는 주체적인 존재, 행위하는 대로 이루어지는 창조적인 존재가 지금 여기 내 생명입니다.
- 상대들과 조화로운 관계를 맺고 온전히 살아 있는 존재가 지금 여기 내 생명입니다.
- 분리독립, 고정불변하지 않고 총체적 관계의 조건에 따라 끊임없이 생성 변화하는 존재가 지금 여기 내 생명입니다.
- 불일불이, 너이면서 나이고 나이면서 너이며, 우주가 곧 나이고 내가 곧 우주인 영원과 무한의 존재가 지금 여기 내 생명입니다.

둘째, 지금 이 시점에서 굳이 생명을 이야기하는 까닭이 무엇입니까?

- 동서고금, 남녀노소, 빈부귀천 등 그 누구에게나 현실적으로 가장 절실한 지금 여기 자신의 문제이기 때문입니다.

- 국가, 종교, 이념 등 그 무엇보다도 우선하는 가치이기 때문입니다.
- 누구나 가장 소중한 자신의 문제이며 유일무이한 가치이므로 기존의 너와 나, 국가와 국가, 종교와 종교, 이념과 이념의 벽을 넘어 만나고 대화하고 함께 풀고 가꾸어가야 할 절체절명의 공통 과제이기 때문입니다.
- 파괴적인 현대 문명의 모순과 위험, 그에 길들어버린 자기 모순을 극복하고 생명 살림, 평화 살림의 대안 문명과 대안적 삶을 열어가는 길이 이 길뿐이라는 자각과 필요성 때문입니다.

② 평화에 대하여

사람들은 늘 평화를 이야기합니다. 평화를 찾아 절, 교회, 인도, 티베트, 히말라야를 가곤 합니다. 그곳에서 평화를 느끼고 왔다며 다시 가고 싶어 합니다. 평화를 찾아 이곳저곳을 기웃거리며 돌아다니는 우리 삶의 모습을 따져보면 평화에 대한 환상을 쫓거나 착각에 빠져 지내고 있는 것이 우리들의 자화상임을 알게 됩니다.

유명무실, 일상적으로 평화라는 말은 무성한데 현실적으로 평화의 삶은 있지 않습니다. 평화는 어디에 있을까요? 평화의 정체는 무엇입니까? 중도의 입장에서 평화라는 말을 지금 여기 현실로 갖고 왔습니다. 그리고 누구나 이해할 수 있도록 하기 위해 구체적 사실과 진실에 연결시켜 참으로 많은 천착을 했습니다. 그렇지만 아무리 따져보아도 평화는 보이지 않았습니다. 평화의 정체를 알 수 없었습니다. 내 안에 있는 것도 아니고, 내 밖의 교회, 절, 인도, 하늘, 땅 등 그 어느 곳에 있는 것도 아니었습니다.

과거, 현재, 미래 그 어디에도 무지갯빛 평화는 있지 않습니다. 굳이 말하자면 평화는 손뼉 소리와 같은 존재였습니다. 조건이 만들어지면 그 순간 그 자리에 현재의 삶으로 나타나는 것이 평화였습니다. 조건이 만들어지지 않으면 시공간 그 어디에도 말로만 있을 뿐 실제 삶으로는 존재하지 않습니다. 손뼉 소리처럼 평화는 안에 있다거나 밖에 있다고 할 수 없습니다. 누구에 의해 주어지거나 특정한 장소에 있는 것도 아닙니다. 지금 여기에서 스스로 보편적 진리의 길인 생명의 질서에 따라 이해, 낮춤, 비움, 나눔, 존중, 배려, 감사 등 평화의 조건을 만들면 있고, 조건을 만들지 않으면 없는 것이 평화입니다. 조건 따라 있기도 하고 없기도 하는 것이 평화였습니다.

평화의 상태가 어떤 것인지 그 조건이 무엇인지에 대해 논리적으로 짚어보면 평화라는 말은 진리를 외면한 반생명, 비인

간적 행위인 싸움, 전쟁에 대한 상대적 표현입니다. 싸움과
전쟁의 원인인 무지, 불신, 불만, 갈등, 대립, 불안, 공포, 분노,
증오가 없는 상태, 즉 싸움과 전쟁이 없는 상태가 평화입니
다. 화목과 평화로 가는 조건인 이해, 존중, 배려, 나눔, 관용,
만족이 있는 상태, 즉 신뢰와 사랑이 작동하는 상태가 평화입
니다. 이 정도일 뿐 그 밖에 달리 특별한 그 무엇이 있지 않습
니다.

평화는 그 어디에 있는 것도, 그 누구에 의해 주어지는 것도
아닙니다. 오직 제 스스로 평화롭게 살아야만 실현되는 것이
평화입니다. 그렇다면 우리 스스로 평화롭게 사는 것은 어떻
게 가능할까요?

먼저 주체적인 자기 정체성 또는 보편적 진리(연기·공)인 인
드라망 세계관을 확립해야 합니다. 나는 어떤 존재입니까?
내 생명의 참모습은 본래 고정불변, 분리독립되어 있지 않습
니다. 서로 의지하고 돕는 관계 속에 있습니다. 온 우주가 모
두 참여하여 이루어진 것이 지금 여기 내 생명입니다. 내가
곧 너이며, 네가 곧 나입니다. 홀로이면서 전체이고 전체이면
서 홀로이며, 따로이면서 함께이고, 함께이면서 따로입니다.
내가 곧 우주이며, 우주가 곧 나입니다. 생명의 진리인 모심
과 섬김으로 온전하게 잘 어울려 평화롭게 존재하고 활동하

는 상태가 되찾아야 할 생명의 본래 모습입니다. 생명의 참모습인 이 사실에 대해 온전하게 이해하고 확신해야 합니다.

다음은 정체성(연기·공)에 대한 깨어 있음과 흔들림 없는 평정을 가꾸는 것입니다. 스스로 주인공이 되어 생명의 참모습(연기·공)인 불일불이한 한 몸 한 생명의 관점에서 나와 너, 나와 사회, 나와 자연 등 매 순간 매 상황마다 직면한 참모습을 잘 보고 파악하고 이해하여 지혜롭게 깨어 있어야 합니다. 어떤 상태, 어떤 상황에서도 동요하지 않을 수 있는 침착함, 부드러움, 여유로움, 안정됨, 흔들림 없음, 즉 스스로 평정의 상태를 유지해야 합니다. 이것이 평화를 실현하기 위해 주체적으로 갖추어야 할 조건입니다.

이 밖에도 생리적 조건, 사회적 조건, 자연환경적 조건 등 종합적인 조건들이 갖추어져야 합니다. 기본적으로 주체적 조건을 확립하면 기타의 조건들을 효율적으로 조절하고 활용할 수 있습니다.

위에서 정리한 것처럼 불일불이한 한 몸 한 생명인 진리의 세계관을 갖고 늘 지혜롭게 깨어 있음과 흔들림 없는 평정의 상태로 자신을 대하고 상대를 대하고 사건을 대하고 사회를 대하고 자연을 대해야 합니다. 그렇게 할 때 평화의 길을 찾게 되고, 평화의 상태를 유지하게 됩니다.

평화는 결코 도달해야 할 목적지로 존재하지 않습니다. 끊임없이 조건을 만들어가는 과정의 산물이 평화입니다. 한마디로 평화의 조건은 평화로움 그 자체입니다. 평화에 도달하는 길은 평화로움 말고 다른 길이 있지 않습니다. 그 어디 그 누구도 평화로움을 떠나 평화에 도달할 수 있는 곳, 평화에 도달할 수 있는 길은 있지 않습니다. 왜냐하면 세상 이치가 그러하기 때문입니다. 끊임없이 가꾸어낸 평화로움만이 평화에 도달하는 유일하고 확실한 길입니다. 이 길은 영원한 진리입니다.

③ 백(百)에 대하여

백이라는 숫자는 부족함과 결함이 없는 온전함과 완전함의 상태를 나타냅니다. 〈생명평화 백대서원〉에서의 백은 생명평화의 조건을 온전하게 또는 완전하게 갖춤을 뜻합니다. 언제 어디서든 누구나 일상 속에서 〈생명평화 백대서원〉의 내용대로 보고 생각하고 말하고 행동하고 생활하면 바로 그 순간 그 자리에서 생명평화의 삶이 완전하게 이루어진다는 의미입니다.

④ 큼(大)에 대하여

왜 위대하다고 할까요? 생명평화의 삶을 실현하는 데 절대적으로 없어서는 안 되는 근본적이고 기본적인 것, 그 자체로 반드시 있어야 하는 것이기 때문에 위대하다고 합니다. 서원문 내용 하나하나 그 자체가 생명평화의 삶을 실현하는 데 반드시 갖추어져야 하는 절대적으로 중요한 조건임을 의미합니다.

여기에서 주의할 점은 규모의 작음에 대한 큼, 수의 적음에 대한 많음처럼 상대적 의미의 큼과는 본질적으로 다름을 놓쳐선 안 됩니다. 마치 물은 물 그 자체로 개성과 가치가 절대적으로 중요하고, 흙은 흙 그 자체로 개성과 가치가 절대적으로 중요하듯이 존재마다의 개성과 가치가 갖는 의미를 잘 파악하고 이해하는 일이 중요합니다.

⑤ 서원(誓願)에 대하여

서원은 맹서와 발원의 의미를 함축한 말입니다. 법계 평등의 보편적 진리의 길을 가려고 하는 주체적인 각오와 다짐, 부처님·하느님·대중을 향한 각오와 다짐을 하는 것이 서원입니다. 자신의 참모습(연기·공)인 진리에 일치하는 삶을 살아가겠다고 발심하고 서원하는 것을 뜻합니다.

서원의 내용엔 소유의 마음과 인간 중심, 집단 중심, 자기중심의 이기적 태도는 용납되지 않습니다. 사적이고 이기적인 태도를 철저히 극복하고 넘어서야 합니다. 왜 그래야 할까요? 진리의 길, 법의 길, '본래붓다'의 길에 어긋나기 때문입니다. 소유의 사고와 논리를 버리고 보편적 진리에 의해 작동하는 자신의 원초적 내면의 소리를 온전히 지금 여기 내 삶, 우리들의 삶이 되도록 하겠다는 각오와 다짐이 서원입니다.

참다운 서원은 생명평화의 삶으로 나아가는 첫 출발이며 그 서원이 얼마나 올바르고 확고한가에 따라 생활의 수행화, 수행의 생활화가 좌우됩니다. 보편적 진리의 정신에 입각한 확고한 서원은 생명평화의 삶인 수행의 생활화, 생활의 수행화를 실현하는 든든한 터전이며 생명평화의 시작과 과정과 끝의 전부라고 해도 지나치지 않습니다.

⑥ 절에 대하여

- 합장(合掌)이란?

  이 세상 그 누구 그 무엇도 본래 분리독립, 고정불변한 것이 없습니다. 그물의 그물코처럼 서로 의지하고 도우며 존재하는 것이 나요, 너요, 우리요, 세상입니다. 몸과 마음, 너와 나, 인간과 자연이 온통 불일불이입니다. 그를 구체적으로 표현하는 행위가 합장입니다. 합장은 서로 의지하고 도우며 불일불이로 존재하는 한 몸 한 생명의 참모습(연기·

공)을 온전하게 나타내는 몸짓입니다.

● 절이란?

너 없는 나는 존재하지 않습니다. 너에 의지해서만 나는 존재할 수 있습니다. 너를 상대로 한 나는 무한히 작은 자요, 빈손의 나그네요, 낮은 자입니다. 끊임없이 자기를 낮추고, 비우고, 나누어야 하는 자입니다. 낮은 자, 비우는 자, 나누는 자의 온전한 몸짓이 엎드려 절하는 것입니다. 절이란 스스로 낮은 자, 비우는 자, 나누는 자의 삶을 온전하게 실천하는 몸짓입니다.

그대에 의지하여 내가 존재합니다. 그대 없는 나는 존재하지 않습니다. 나를 존재하게 하는 그대는 무한히 높은 자요, 귀한 자요, 고마운 자입니다. 언제 어디에서나 항상 모시고, 배려하고, 감사해야 할 대상입니다. 높고 귀하고 고마운 상대에 대한 섬김과 모심의 온전한 몸짓이 엎드려 절하는 것입니다. 절이란 상대를 섬기고 모시는 일을 온몸으로 온전하게 실천하는 몸짓입니다. 끊임없이 그물코처럼 존재하는 자신의 참모습(연기·공)이 온전히 불일불이가 되게 하는 연습이 절입니다.

몸과 마음을 모아 절하는 일은 바로 지금 여기에서 자신의 존재를 온전하게 사는 일이요, 자신의 존재를 온전하게 사는 일의 생활화가 그대로 붓다의 삶이요, 예수의 삶입니다. 붓다행위 하면 그대로 붓다요, 예수행위 하면 그대로 예수입니다. 붓다와 예수라는 말은 생명평화의 삶을 온전하게 살아가는 존재임을 뜻합니다. 이 밖의 다른 무엇을 찾아다니는 것은 부질없는 헤맴에 지나지 않음을 깊이 인식할 일입니다.

⑦ 명상에 대하여

명상이란 존재의 참모습, 존재의 진리(연기·공)에 대하여 언제나 깨어 있음과 흔들림 없는 평정을 가꾸는 실천을 뜻합니다. 바람직한 명상을 위해서는 먼저 존재의 참모습, 존재의 진리에 근거한 보편적 세계관을 확립해야 합니다. 보편성을 내용으로 하는 진리의 세계관 없이 단순하게 깨어 있음과 흔들림 없는 평정에만 몰두할 경우 부질없는 관념의 환상에 놀아나거나 왜곡된 신비주의에 빠질 위험이 있습니다.

여기에서 명상은 존재의 참모습에 입각한 생명평화의 세계관과 실천 방법을 담고 있는 서원문에 대하여 언제 어디에서나 늘 깨어 있고 흔들림 없게 하고자 하는 실천을 의미합니다. 진리의 세계관에 근거한 서원문 내용대로 사고하고, 말하고,

행동하고, 생활하면, 바로 그 순간 생명평화의 삶이 나의 삶, 우리의 삶으로 실현된다는 자각과 믿음으로 실천하는 것이 〈생명평화 백대서원 절명상〉입니다.

- 〈생명평화 백대서원 절명상〉을 권하는 까닭

한마디로 우리들의 몸과 마음의 병, 그리고 현실적 삶의 문제를 바람직하게 치유하고 해결하고자 함입니다. 중도의 정신으로 절을 할 때마다 잘 듣고 음미하는 백대서원의 내용은 모든 문제의 발단이 되고 있는 우리들의 그릇된 소견과 태도를 바로잡아 줍니다. 모든 문제의 해결을 이끌어내는 데 첫걸음이 되는 올바른 소견과 태도를 확립하게 하는 것이 백대서원 내용입니다.

중도의 정신으로 몸과 마음을 모아 온몸으로 지극하게 하는 절은 현실적 문제의 원인이 되는 몸의 무기력과 온갖 질병을 치유합니다. 현실의 문제를 힘차게 해결해나갈 수 있는 몸의 활력과 건강을 회복시켜주는 것이 절입니다. 몸과 마음을 모아 잘 듣고 음미하고 절하는 것이 온전히 하나가 되면, 그 과정에서 마음의 무기력과 질병이 치유되고 현실의 문제를 잘 풀어나가는 안목과 힘이 발현됩니다. 지극한 정성을 다하여 몸과 마음이 하나 되도록 백대서원의 내용을 잘 듣고 음미하며 절을 하면 그 자리, 그 순간, 그 자체가 그대로 생명평화의 상태인 것입니다.

뭇 생명의 원초적 염원, 우리들의 사회적 염원인 생명평화의 삶, 생명평화의 세상을 실현하는 길이 여기에 있기 때문에 백대서원 절명상을 하는 것입니다. 백대서원 절명상의 내용은 생명평화의 길을 제대로 가고 있는지의 여부를 비추어보는 거울입니다. 올바른 인식과 태도로 꾸준하게 백대서원 절명상을 생활화하면 반드시 생명평화의 삶, 생명평화의 사회가 이루어진다는 신념을 얻게 될 것입니다.

⑧ 〈생명평화 백대서원 절명상〉 방법에 대하여

수행이란 추구하고 실현해야 할 존재의 궁극적 진리와 가치를 지금 여기 자신의 체질이 되고 삶이 되도록 반복, 실천하는 것을 뜻합니다. 절명상도 마찬가지입니다. 우리가 실현하고자 하는 〈생명평화 백대서원〉이 지금 여기, 너와 나, 그리고 이웃과 사회의 사고, 언어, 행동이 되고, 나아가 일상적 삶의 문화가 되도록 하기 위해 반복, 수련하는 것입니다.

- 절명상 CD를 들으며 천천히 지극하게 절을 합니다.
- 장소와 시간은 상황에 따라 적절하게 조절합니다.

- 혼자 할 때에는 본인이 좋아하는 대상, 또는 방향을 향해서 합니다.
- 가족, 친구, 단체 등 여러 사람이 함께할 때는 원으로 둘러서서 마주 바라보며 합니다.
- 지금 바라보는 그 사람이 바로 붓다이므로 지극하게 잘 모시고 섬기는 실천으로 마주 바라보며 절을 합니다.
- 몸과 마음을 모아 서원의 내용을 깊이 듣고 음미하고 동작하는 것이 온전히 하나 되게 절을 합니다.
- 매번 서원문 낭독이 끝나고 다음 낭독을 시작할 때까지 그 사이에 들은 내용을 되새기고 다짐하며 절을 합니다.

_ 자신의 필요 또는 판단에 따라 절을 하지 않고 조용히 앉아서 서원의 내용을 잘 듣고 깊이 사유 음미해도 좋습니다.

여타의 그 무엇에도 신경 쓰지 말고 절할 때마다 몸과 마음을 하나로 모아야 합니다. 시작부터 끝까지 서원의 내용을 잘 듣고 새기고 다짐을 하며 절하는 데 오롯이 집중하는 것이 핵심입니다. 몸의 자세를 바르게 하여 지극하게 절을 잘하면 몸의 병이 치유되고, 마음의 자세를 바르게 하여 잘 듣고 음미하고 깊이 새기면 마음의 병이 치유되어 우리의 염원인 생명평화가 자신의 체질이 되고 삶이 됩니다.

생명평화 백대서원 절명상

01. 주체적으로 진리가 삶을 자유롭게 한다고 하신 스승의 말씀을 마음에 새기며 절을 올립니다.

02. 끊임없는 자기 성찰과 올바른 현실 인식이 문제 해결의 첫걸음임을 마음에 새기며 절을 올립니다.

03. 일상적인 삶의 혼란과 부작용이 문제를 실사구시적으로 다루지 않았기 때문임을 돌아보며 절을 올립니다.

04. 생명 위기, 평화 위기의 원인이 내 생명의 정체성에 대한 무지 때문임을 돌아보며 절을 올립니다.

05. 반생명 비인간화의 모순이 존재의 진리에 어긋나는 실체론적 세계관 때문임을 돌아보며 절을 올립니다.

06. 국가, 민족, 종교, 이념 등 그 무엇보다도 우선하는 가치가 생명평화임을 확신하며 절을 올립니다.

07. 존재의 참모습을 달관할 때 비로소 생명평화의 길이 열리게 됨을 생각하며 절을 올립니다.

08. 삶의 기본인 내 생명의 정체성을 과학적으로 파악할 때 비로소 생명평화의 삶이 움트게 됨을 생각하며 절을 올립니다.

09. 일상적으로 전 존재를 바쳐 살아가야 할 진리의 길이 인드라망 세계관임을 마음에 새기며 절을 올립니다.

10. 소유는 또 다른 소유를 낳을 뿐 문제 해결의 길이 될 수 없는 세상 이치를 생각하며 절을 올립니다.

11. 싸움은 또 다른 싸움을 부를 뿐 문제 해결의 길이 될 수 없다는 역사의 소리를 경청하며 절을 올립니다.

12. 부자와 일등이 행복하다고 하는 것은 실현될 수 없는 관념의 환상임을 확신하며 절을 올립니다.

13. 사회 문제의 책임이 양심의 소리를 따르지 않는 자신, 종교인, 지식인에게 있음을 직시하며 절을 올립니다.

14. 상대의 아픔을 자기 아픔으로 인식할 때 비로소 생명평화의 길이 시작됨을 믿으며 절을 올립니다.

15. 이웃을 내 몸처럼 사랑할 때 진정으로 자신을 사랑하게 되는 진리를 생각하며 절을 올립니다.

16. 생명의 진리는 현실적으로 누구나 이해하고 실현하고 증명할 수 있도록 해야 한다는 말씀을 생각하며 절을 올립니다.

17. 양심의 소리, 생명의 소리를 잘 들을 때 비로소 생명평화의 길이 열리게 됨을 믿으며 절을 올립니다.

18. 스스로 자기 삶을 혁명하는 것이 생명평화 세상을 만드

는 확실한 길임을 믿으며 절을 올립니다.

19. 주체적으로 개성 있는 삶을 가꾸어갈 때 비로소 생명평화의 길이 열리게 됨을 믿으며 절을 올립니다.

20. 편협한 주관적 견해와 습관을 고칠 때 비로소 문제 해결의 길이 열리게 됨을 믿으며 절을 올립니다.

21. 내면의 소리에 따라 정직, 성실하게 살아갈 때 비로소 생명평화의 길이 열리게 됨을 믿으며 절을 올립니다.

22. 일상 속에서 언어를 중도적으로 다루어갈 때 비로소 생명평화의 길이 열리게 됨을 생각하며 절을 올립니다.

23. 일상적으로 언어에 속거나 구속되지 않을 때 비로소 생명평화의 길이 열리게 됨을 생각하며 절을 올립니다.

24. 삶의 진실을 사실대로 보고 본 대로 말할 때 비로소 생명평화의 길이 열리게 됨을 생각하며 절을 올립니다.

25. 상대적 박탈감에 빠지지 않는 삶의 철학과 신념을 확립하는 것이 생명평화의 길임을 확신하며 절을 올립니다.

26. 돈의 노예가 되지 않는 가치 의식과 삶의 방식을 확립하는 것이 생명평화의 길임을 확신하며 절을 올립니다.

27. 인위적 질서를 극복하고 자연 질서를 존중하는 삶이 생명평화의 길임을 확신하며 절을 올립니다.

28. 생명의 참모습에 입각하여 설명한 진리의 세계관인 생명

평화경을 음미하며 절을 올립니다.

29. 이것이 있음을 조건으로 저것이 있게 되는 우주 생명의 진리를 가슴에 새기며 절을 올립니다.

30. 이것이 없음을 조건으로 저것이 없게 되는 우주 생명의 진리를 가슴에 새기며 절을 올립니다.

31. 서로 의지하고 도우며 생성 소멸하는 우주 자연의 질서가 영원한 진리임을 새기며 절을 올립니다.

32. 언제 어디에서나 내 생명의 참모습이 본래 그물의 그물코처럼 존재하는 것임을 가슴에 새기며 절을 올립니다.

33. 생명의 참모습이 본래 한 몸 한 생명 공동체임을 눈뜨게 하는 생명평화경을 음미하며 절을 올립니다.

34. 뭇 생명은 자연에 의지하여 살아가는 공동체 존재임을 마음에 새기며 절을 올립니다.

35. 우리나라는 이웃 나라에 의지하여 살아가는 국가 공동체임을 마음에 새기며 절을 올립니다.

36. 우리 종교는 이웃 종교에 의지하여 살아가는 종교 공동체임을 마음에 새기며 절을 올립니다.

37. 우리 마을은 이웃 마을에 의지하여 살아가는 고향 공동체임을 마음에 새기며 절을 올립니다.

38. 우리 가족은 이웃 가족에 의지하여 살아가는 가족 공동

체임을 마음에 새기며 절을 올립니다.

39. 지금 여기 나는 그대에 의지하여 살아가는 공동체 생명
임을 마음에 새기며 절을 올립니다.

40. 공동체 생명들은 서로 의지하고 돕는 진리의 삶을 살 때
비로소 평화롭게 되는 것임을 마음에 새기며 절을 올립
니다.

41. 본래 한 몸 한 생명 공동체임을 망각한 이기적 삶을 참회
하게 하는 생명평화경을 음미하며 절을 올립니다.

42. 뭇 생명의 뿌리인 자연을 함부로 취급해온 인간 중심의
이기적 삶을 참회하며 절을 올립니다.

43. 우리나라의 의지처인 이웃 나라를 배척해온 내 나라 중
심의 이기적 삶을 참회하며 절을 올립니다.

44. 우리 종교의 의지처인 이웃 종교를 부정해온 자기 종교
중심의 배타적 삶을 참회하며 절을 올립니다.

45. 우리 가족의 의지처인 이웃 가족을 외면해온 내 가족 중
심의 이기적 삶을 참회하며 절을 올립니다.

46. 내 생명의 어버이이신 그대를 가볍게 취급해온 자기중심
의 이기적 삶을 참회하며 절을 올립니다.

47. 내 나라, 내 종교, 내 가족 중심의 이기심으로 살아온 왜곡
된 집단 중심의 삶을 참회하며 절을 올립니다.

48. 소유와 힘의 논리, 경쟁과 지배의 논리로 살아온 왜곡된 자기 사랑의 삶을 참회하며 절을 올립니다.

49. 우주의 법칙에 따라 섬김과 모심의 삶을 살도록 하는 생명평화경을 음미하며 절을 올립니다.

50. 자연을 뭇 생명의 붓다로 대할 때 비로소 뭇 생명이 안전하게 되는 진리를 생각하며 절을 올립니다.

51. 이웃 나라를 내 나라의 붓다로 대할 때 비로소 내 나라가 평화롭게 되는 진리를 생각하며 절을 올립니다.

52. 이웃 종교를 내 종교의 붓다로 대할 때 비로소 내 종교가 빛나게 되는 진리를 생각하며 절을 올립니다.

53. 이웃 가족을 내 가족의 붓다로 대할 때 비로소 내 가족이 편안하게 되는 진리를 생각하며 절을 올립니다.

54. 만나는 상대를 내 삶의 붓다로 대할 때 비로소 내 삶이 행복하게 되는 진리를 생각하며 절을 올립니다.

55. 내 생명의 참모습을 달관하고 자족의 삶을 가꾸도록 하는 생명평화경을 음미하며 절을 올립니다.

56. 인간 중심의 무절제한 탐욕을 버리고 자연과 함께하는 달관과 자족의 삶을 다짐하며 절을 올립니다.

57. 내 나라 중심의 편협한 삶을 버리고 이웃 나라와 함께하는 달관과 자족의 삶을 다짐하며 절을 올립니다.

58. 내 종교 중심의 편협한 삶을 버리고 이웃 종교와 함께하는 달관과 자족의 삶을 다짐하며 절을 올립니다.

59. 내 가족 중심의 편협한 삶을 버리고 이웃 가족과 함께하는 달관과 자족의 삶을 다짐하며 절을 올립니다.

60. 자기중심의 편협한 삶을 버리고 상대와 함께하는 달관과 자족의 삶을 다짐하며 절을 올립니다.

61. 자연의 개성과 가치의 존귀함을 이해·존중·감사하는 진리의 삶을 다짐하며 절을 올립니다.

62. 이웃 나라의 개성과 가치의 존귀함을 이해·존중·감사하는 진리의 삶을 다짐하며 절을 올립니다.

63. 이웃 종교의 개성과 가치의 존귀함을 이해·존중·감사하는 진리의 삶을 다짐하며 절을 올립니다.

64. 이웃 가족의 개성과 가치의 존귀함을 이해·존중·감사하는 진리의 삶을 다짐하며 절을 올립니다.

65. 상대의 개성과 가치의 존귀함을 이해·존중·감사하는 진리의 삶을 다짐하며 절을 올립니다.

66. 진정한 행복은 존재의 정체성에 대한 성찰과 서원의 삶으로 이루어지는 것임을 확신하며 절을 올립니다.

67. 어떤 명분의 폭력도 사용하지 않겠다고 하는 생명평화 서약을 마음에 새기며 절을 올립니다.

68. 모든 생명들에게 저질러온 심리·언어·육체·성·물리·사회적인 여러 형태의 폭력을 참회하며 절을 올립니다.

69. 자기 안의 불의와 사회의 불의가 발붙이지 못하도록 치열하게 살아갈 것을 다짐하며 절을 올립니다.

70. 어떤 명분의 불의와 폭력도 비폭력 불복종 실천으로 단호하게 거부하고 극복할 것을 다짐하며 절을 올립니다.

71. 존재의 법칙에 따라 모든 생명을 우애로 감싸겠다고 하는 생명평화 서약을 마음에 새기며 절을 올립니다.

72. 어떤 명분의 편견이나 차별도 없이 생명의 존엄성을 존중 보호하겠다고 다짐하며 절을 올립니다.

73. 사람이 곧 하늘이라는 진리의 말씀에 따라 상대를 평화의 마음과 태도로 대할 것을 새기며 절을 올립니다.

74. 생명의 법칙에 따라 상대를 모심과 섬김의 자세로 자신의 삶을 가꾸어갈 것을 마음에 새기며 절을 올립니다.

75. 일상적으로 상대를 이해·존중·배려하는 만큼 자기 삶이 빛나게 되는 진리를 마음에 새기며 절을 올립니다.

76. 대화와 경청의 자세를 갖겠다고 하는 생명평화 서약을 마음에 새기며 절을 올립니다.

77. 언제 어디에서나 모든 문제를 솔직 겸허한 대화로 다루어갈 것을 다짐하며 절을 올립니다.

78. 상대의 개성을 존중함은 물론 표현의 자유와 문화의 다양성을 옹호할 것을 마음에 새기며 절을 올립니다.

79. 상대의 견해를 경청하지 않고 내 견해만 옳다고 생각하는 것이 폭력의 시작임을 생각하며 절을 올립니다.

80. 나눔을 적극적으로 실천하고 헌신의 삶을 살겠다고 하는 생명평화 서약을 마음에 새기며 절을 올립니다.

81. 생명의 질서에 따라 알맞게 갖고 알맞게 쓰는 단순 소박한 삶이 영원한 참사람의 삶임을 확신하며 절을 올립니다.

82. 현실적으로 자기에게 엄격하고 상대에게 관대한 삶을 살아갈 것을 다짐하며 절을 올립니다.

83. 구체적으로 나의 삶터부터 생명평화의 마을로 가꾸어갈 것을 다짐하며 절을 올립니다.

84. 현실적으로 모든 생명의 터전을 보존하겠다고 하는 생명평화 서약을 마음에 새기며 절을 올립니다.

85. 일상적으로 나의 무절제한 의식주 생활이 생태계를 병들게 하는 일로 연결됨을 돌아보며 절을 올립니다.

86. 자연, 농촌, 농업을 근본 가치로 삼고 살아가는 것이 나와 뭇 생명을 위하는 길임을 확신하며 절을 올립니다.

87. 생태계를 보존하고 생명의 순환 질서를 지키는 일에 책임을 다하겠다고 다짐하며 절을 올립니다.

88. 한반도의 평화를 실현하기 위해 적극적으로 역할을 하겠다고 하는 생명평화 서약을 마음에 새기며 절을 올립니다.

89. 평화는 진실과 사랑의 길인 비폭력 불복종 행동으로 이루어지는 것임을 마음에 새기며 절을 올립니다.

90. 한반도의 전쟁을 방지하고 이 땅의 평화를 위해 비폭력 실천으로 앞장설 것을 다짐하며 절을 올립니다.

91. 삶을 불행하게 하는 어떤 권위·제도·관습·억압도 비폭력 불복종으로 극복해갈 것을 다짐하며 절을 올립니다.

92. 끊임없이 깨어 공부하고 수행하겠다고 하는 생명평화 서약을 마음에 새기며 절을 올립니다.

93. 항상 역사의 진실을 기억하지만 언제나 역사로부터 자유로워질 것을 마음에 새기며 절을 올립니다.

94. 비폭력적인 몸짓, 말 한마디, 마음 씀 하나하나가 생명평화를 이루는 큰 걸음임을 생각하며 절을 올립니다.

95. 자신을 낮추고 비우고 나누는 진리의 삶이 자신의 정체성에 충실한 삶임을 마음에 새기며 절을 올립니다.

96. 상대를 이해·존중·배려하는 진리의 삶이 내 생명의 정체성에 충실한 삶임을 마음에 새기며 절을 올립니다.

97. 지금 여기 나 스스로가 생명평화의 등불임을 선언하는 생명평화 서약을 마음에 새기며 절을 올립니다.

98. 지금 여기 내가 밝힌 생명평화의 등불이 이웃과 사회를 밝히는 등불로 빛나기를 발원하며 절을 올립니다.

99. 모두가 등불이 되어 서로를 비춤으로써 온 누리가 생명 평화의 세상이 되기를 발원하며 절을 올립니다.

100. 내가 밝힌 생명평화의 등불로 온 누리의 생명들이 진정 으로 평화롭고 행복하기를 발원하며 절을 올립니다.

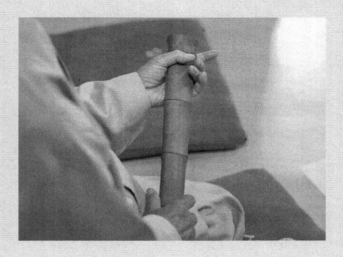

"가슴 깊이 새겨야 할 것은 지금 여기에서

거룩한 붓다로 살겠다는 발심과 서원입니다."

붓다, 중도로 살다
ⓒ 도법

2020년 7월 6일 초판 1쇄 발행
2025년 2월 17일 초판 4쇄 발행

지은이 도법
발행인 박상근(平弘) • 편집인 류지호 • 편집이사 양동민
편집 김재호, 양민호, 김소영, 최호승, 정유리 • 디자인 쿠담디자인
제작 김명환 • 마케팅 김대현, 김대우, 이선호, 류지수
관리 윤정안 • 콘텐츠국 유권준, 김희준

펴낸 곳 불광출판사 (03169) 서울시 종로구 사직로10길 17 인왕빌딩 301호
        대표전화 02) 420-3200 편집부 02) 420-3300 팩시밀리 02) 420-3400
        출판등록 제300-2009-130호(1979. 10. 10.)

ISBN 978-89-7479-829-1 (03220)

값 18,000원